新たな価値の創造者たち

破壊的イノベーター、その視界

日経BP総合研究所 編著

日経BP

破壊的イノベーター、その視界

はじめに

あらゆる価値が再定義される時代に求められる、「破壊的イノベーター」の資質

本書『破壊的イノベーター、その視界』には、世の中に変革をもたらした15人組・16人のDisruptive Innovators（破壊的イノベーター）が登場します。

米国の経営学者、クレイトン・クリステンセン氏が提唱した「破壊的イノベーション」は、既存市場のルールを劇的に変え、市場の構造に大きな変化をもたらしたイノベーションのことを指すのが一般的です。本書における「破壊的イノベーター」は、この解釈から枠を広げて、社会の在り方や人々の考え方、生き方に大きな変革をもたらした（あるいはもたらすであろう）人物も含んでいます。スポーツ、エンターテインメント、地方創生、アート、人生100年時代、途上国との関係、寄付文化、建築、医療、空飛ぶクルマ、分身ロボット――。彼ら彼女らは様々なジャンルで新たな価値を創造し、変革をもたらした人たちです。

破壊的イノベーターの視界には、どんな景色が広がっているのか。その視界をどうやって獲得していったのか――。社会課題の解決に資するイノベーション創出の原動力となった、彼ら彼女らのパッションやスピリッツに迫りつつ、その行動原理を探っていきます。

尋常ではないスピードで企業が越境してビジネスを展開していく時代です。アップルやソニーが電気自動車（EV）市場への参入を表明する一方で、トヨタ自動車は都市づくりに着手しています。そして私たちは、新型コロナウイルスという、社会に想定外の大打撃を与え続けているパンデミックに直面していま

す。人々の働き方や暮らし方は、さらに急速に、不可逆的に変貌していくでしょう。

この変化は、「多くの仕事がテレワークに移行した」といった表層だけの変化ではありません。コロナ禍をきっかけに、企業と従業員の関係、家庭と仕事の関係、都市と地域の関係、多様性と包摂を目指す社会の在り方など、人々が幸福に生きるための社会環境が根底から問い直され、再定義されようとしています。だからこそ、ビジネスにおいて「社会課題の解決」がかつてないほどに大きなテーマとなっているのです。

本書は、日経BP総合研究所が運営する二つのウェブメディア「新・公民連携最前線」「Beyond Health」の共同企画による連載「Disruptive Innovators Talks ～新たな価値の創造者たち～」から生まれました。破壊的イノベーターの生の声をまとめた第1章、第2章、そして彼ら彼女らの「視界の広げ方」を分析、そのエッセンスを「五カ条」に整理して紹介する第3章で構成されています。

先読みをすることが極めて困難なこの時代に、社会課題の解決に挑む――。そんな起業家やビジネスパーソンにとって、フロンティアで新たな価値を創造した破壊的イノベーターの発想や行動を知ることは、必ずや大きな発見や学びにつながると確信しています。

日経BP総合研究所　主席研究員　髙橋博樹

第1章

破壊的イノベーターは
こう考え、こう動く

第1章「破壊的イノベターはこう考え、こう動く」は、日経BP 総合研究所が企画・運営する以下の二つのウェブメディアに同時掲載したコンテンツを一部加筆・修正したものです。初出公開日はそれぞれの登場人物の紹介ページに示しています。

初出ウェブメディア
- 新・公民連携最前線 https://project.nikkeibp.co.jp/ppp/
- Beyond Health（ビヨンドヘルス）https://project.nikkeibp.co.jp/behealth/

（写真：菅野勝男）

01

大阪にこだわり、世界で活躍し続ける建築家

安藤忠雄建築研究所代表、建築家
安藤忠雄 氏

生まれ育った大阪を拠点に、国内外で活躍し続ける建築家、安藤忠雄氏。安藤氏は建築を宝石箱に例え、大切なのは箱ではなく中身の宝石＝人間だと言います。

住宅機能を分断する中庭で自然と共生する住まいを実現、賛否両論を呼んだ「住吉の長屋」（1976年）、スリットから差し込む光で十字架を表現した「光の教会」（1989年）、瀬戸内海の小さな離島をアートの〝聖地〟として活性化させた「ベネッセアートサイト直島」の主要施設の設計（1992年〜）、PPP（公民連携）による運営スキームも含めて設計した「こども本の森 中之島」（2020年）など、安藤氏は、数々のイノベーティブな空間を長きにわたりつくり続けています。

（初出：2020年9月16日）

安藤忠雄（あんどう・ただお）

安藤忠雄建築研究所代表、建築家

1941年大阪生まれ。独学で建築を学び、1969年安藤忠雄建築研究所設立。代表作に「光の教会」「ピューリッツァー美術館」「地中美術館」など。1979年「住吉の長屋」で日本建築学会賞、1993年日本芸術院賞、1995年プリツカー賞、2003年文化功労者、2005年国際建築家連合（UIA）ゴールドメダル、2010年ジョン・F・ケネディーセンター芸術金賞、後藤新平賞、文化勲章、2013年フランス芸術文化勲章（コマンドゥール）、2015年イタリア共和国功労勲章グランデ・ウフィチャーレ章、2016年イサム・ノグチ賞など受賞（章）多数。1991年ニューヨーク近代美術館、1993年パリのポンピドー・センターにて個展開催。イェール、コロンビア、ハーバード大学の客員教授歴任。1997年から東京大学教授、現在、名誉教授。

――2020年7月にオープンした子どものための図書館「こども本の森 中之島」※1を大阪市に寄付しました。このプロジェクトについての、安藤さんの思いを聞かせてください。

安藤 建物というのは、宝石箱なんです。大事なのはその箱の中に入れる宝石、つまり人間なのです。箱それ自体の良しあしの議論は無意味でしょう。我々がつくる建物の成功は、それがいかに人に使われていくか、いかに街に息づいていけるかにかかっているんです。

その点、「こども本の森 中之島」ではやりがいがありましたね。利用するのは子どもたち、文字通りの「宝石」ですから。20代後半から今日までずっと仕事を続けてきて、私にも何か社会に返したい、次の世代に何か残したいという思いが湧いてくるようになりました。そう考えたとき、子どものための図書施設がいいだろうと考えたのです。人間の心の成長にとって、最高の栄養は本ですから。10人の子どもが図書館に来て、そのうち2、3人にでも心に響くような本との出合いがあればいい。そうして、宝石たる子どもの輝きが増していくような場所になればな、と。

寄付での運営をあらかじめ想定

安藤 5年ほど前、大阪市の吉村（洋文）市長と大阪府の松井（一郎）知事（当時。現在は吉村氏が府知事、松井氏が市長）に、「大阪の真ん中に子どものための図書館をつくりたい」と、率直に持ちかけました。唐突で無謀な提案でしたが、二人とも果敢に「いこう」と言ってくださった。

ただ、「敷地は準備できますが、お金はないですよ」と。それで「分かりました。設計・建設の費用は私が責任を持ちましょう」と答えたら、今度は「完成後に運営していく費用もありませんからね」と（笑）

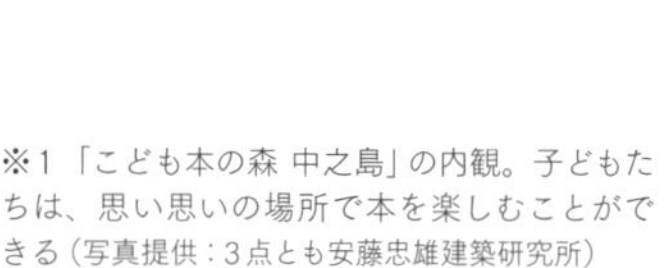

※1「こども本の森 中之島」の内観。子どもたちは、思い思いの場所で本を楽しむことができる（写真提供：3点とも安藤忠雄建築研究所）

――ないものばかりだったわけですね（笑）

安藤　運営費は大体年間5000万円ほど必要です。でも、1口30万円を払ってくれる企業が200社あれば6000万円集まりますよね。そう考えて、JR西日本、ヤンマー、大和ハウス工業、積水ハウス……あちこちに話をしに行きました。85社ぐらい、全部一人で回りましたよ。こういう話は、一人で行かないとうまくいかないんです。事前に打診することもなしに、私一人でフラッと訪ねて行って協力を頼んで、「どうですか」と（笑）。他人を自分の仕事に巻き込んでいくにはこれぐらいの覚悟、気合がいるんです。

ケチで知られる大阪人ですが、子どもたちのためというと皆さん快く応じてくれましたね。江戸時代の八百八橋や昭和の大阪城天守閣復興など、民の力で街をつくってきた歴史を持つ大阪人には、そういう気概はあるんです。そのほか、チャリティーパーティーの企画などもあり、最終的には施設を10年以上維持できるぐらいの寄付金[※2]が集まりました。このお金がある限り大阪市は図書館を放り出せないですよね。そんな計算もちゃっかりとしながら（笑）、図書館づくりを進めていったわけです。

――大阪は安藤さんの地元でもあり、大阪のために、という思いもあったのではないかと思います。

安藤　そうですね。駆け出しの頃、学歴も人脈もなかった私を大阪の人々は普通に受け入れてくれて、チャンスをくれた。私は大阪に育てられた建築家ですから。恩返しの気持ちと同時に、私自身もまた大阪人だというプライドみたいなものもありますね。民の力で橋を架け、道路を通し、市民ホールをつくって、城を建て直してきた公共精神の遺伝子、それを受け継いでいるんだという――。

大阪の中之島の風景には、そんな大阪人のプライドが詰まっているんです。中央公会堂、中之島図書館、東洋陶磁美術館、バラ園がある。「こども本の森 中之島」は、その島の公園の一角につくられました。

「子どもがあちこちからやって来るときに、車道があると危ないな」と思っていたら、建物入り口に面して公園を貫くように走っていた道路は、市が歩行者空間として整備してくれました。吉村さんと松井さんが動いてくれたのかな。なかなか行政でここまでやるところはないですよ。「次の時代の大阪を支える子どもたちのために」という我々の思いがつながったんだと思います。

暴走するからこそ、人が集まる

――「こども本の森 中之島」では、事業スキームも含めて安藤さんのイノベーティブな発想を行政が理

※2　2020年2月の会見において松井一郎大阪市長は、6億4000万円（約12年分の運営費）の寄付金が集まっていることを公表した

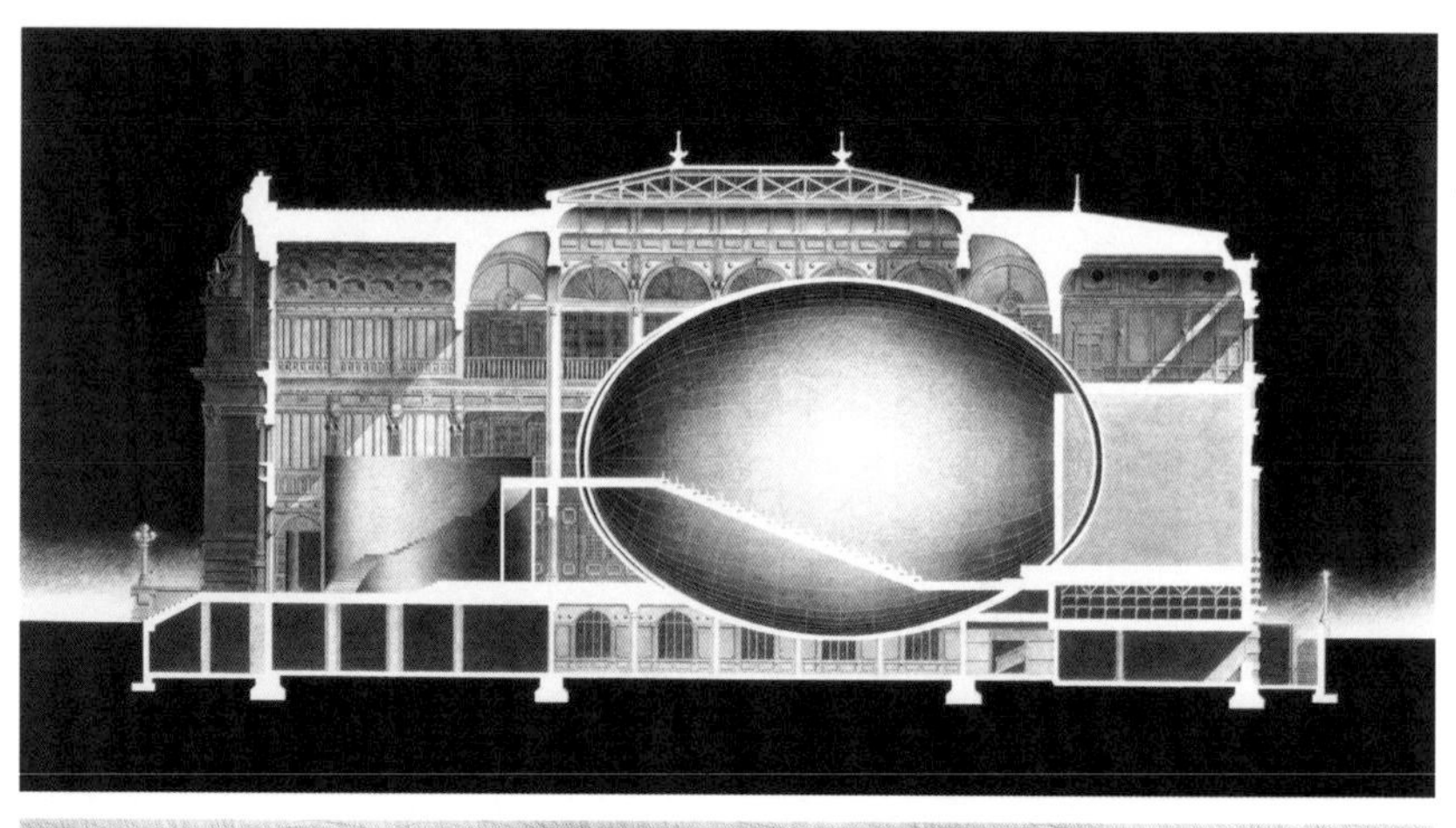

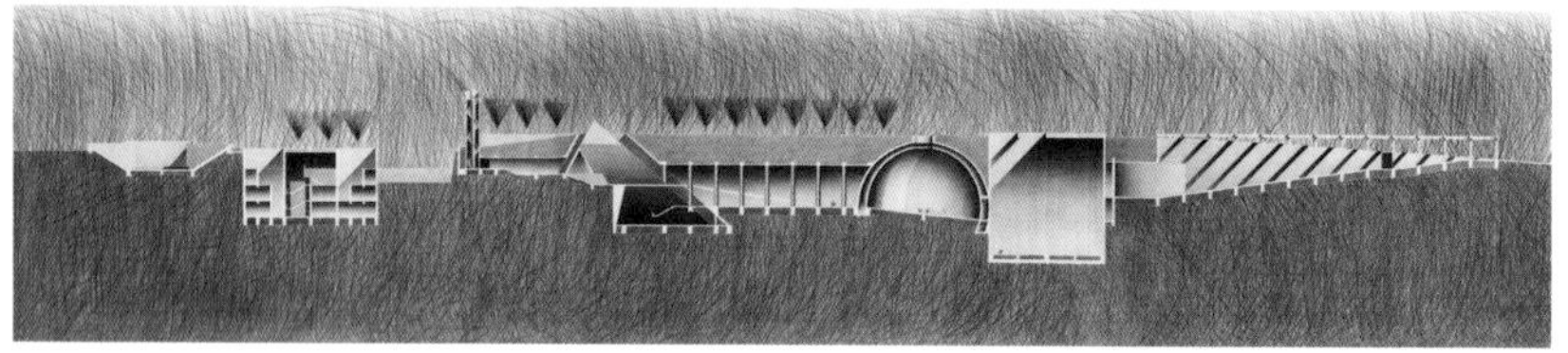

※3 1988年に発表した自主提案「中之島プロジェクトII：アーバン・エッグ」および「中之島プロジェクトII：地層空間」のこと。上がアーバン・エッグ、下が地層空間のスケッチ（画像提供：2点とも安藤忠雄建築研究所）

解したことで実現しました。同様に、安藤さんのこれまでのイノベーティブな建築は、安藤さんに依頼する施主がいたから成立したという面もあるかと思います。どうして安藤さんのところには、理解ある施主が集まるのでしょうか。

安藤　それは、私が若い頃から今日まで「暴走」し続けているからでしょう。他人の土地で、頼まれてもいないのに新たな建築の構想を企てる。「ここをこうしたい」と言うのは勝手ですからね。もちろん、初めの頃はうまくはいきません。中之島の公園の地下に博物館や美術館を埋め込んで文化コンプレックスにしたらどうか、中央公会堂の中に入れ子で卵型のホールをつくって再生できないか、などいろいろ考えるんですが、自主提案で発表※3しても日の目を見ないわけです。それなのに10mを超えるようなドローイングを描いたり、巨大な模型をつくったり、考えてみたら途轍もないエネルギーの無駄遣いですが（笑）、それを見て「あの人間の生き方は面白い」と思ってくれる人が現れて、声をかけてくれるわけです。

サントリーの佐治（敬三）さん、アサヒビールの樋口（廣太郎）さん、京セラの稲盛（和夫）さん※4など、名経営者と呼ばれる方たちほど、懐が大きかったですね。彼らは私の建築というよりも、生き方とか、何を目指しているかといった部分を見てくれていたんだと思います。

暴走している奴というのは、普通にゆっくり走っている人たちの中で浮かび上がって見えるんですよ。90%の人はおかしな人間と言うかもしれないけれど、それを面白いと感じてくれる人もいる。施主にも暴走族がいるんですね（笑）。彼らが建築をつくろうと考えたとき「どうやらあそこに仲間がいるぞ」と、我々のところに来てくれるわけです。

既存の建物内に円筒状の展示スペースを埋め込んだ「ブルス・ドゥ・コメルス」の内部空間（写真：Maxime Tétard *Courtesy Bourse de Commerce — Pinault Collection）

パリで今、1767年に建てられた元商品取引所を改修した美術館「ブルス・ドゥ・コメルス」※5のプロジェクトが進んでいるのですが、施主でフランスの実業家のフランソワ・ピノーさんも、私の建築に興味を持ったきっかけは、直島（香川県）

※4 いずれも当時の社長・会長。佐治氏、樋口氏、稲盛氏と安藤氏との交流の中で、例えばサントリーミュージアム[天保山]（現・大阪文化館・天保山）、アサヒビール大山崎山荘美術館、鹿児島大学 稲盛会館といった施設の設計につながっていった

※5 「ブルス・ドゥ・コメルス」（商品取引所）の建物を50年間借り、ピノー財団所蔵の現代美術品を展示する美術館へと改修。既存の建物内に円筒状の展示スペースを埋め込む設計は、『中之島プロジェクトII：アーバン・エッグ』で示したコンセプトを具現化したものといえる。2021年5月22日オープン（上写真）

※6 直島の地中美術館（写真提供：安藤忠雄建築研究所）

の美術館[※6]を訪ねて「瀬戸内の離島にアートの島をつくるとは面白い」と思ったからだそうです。面白いものをつくったら、面白い人がつかまるんです。

――直島の美術館を安藤さんに依頼した福武總一郎氏も、「暴走族の施主」の一人と言えそうですね。

安藤　福武總一郎さん（現・ベネッセホールディングス名誉顧問）とは1986年から35年ぐらいのお付き合いですが、実際、途方もないこと考える人ですよね。

直島というのは岡山から電車と船を乗り継いでいくような場所にあるわけですが、そこを世界有数の美術館の島にしたいと言うわけです。最初に話を聞いたときは「ここに美術館は無理だろう」と反対したのですが、福武さんは「不便な場所だからいいんだ」「必ず実現するから手伝ってくれ」と。それで私も覚悟を決めて一緒に走り出し、今に至る[※7]わけです。福武さんには、何よりも大きな誇りと大きな目標がある。面白い人ですよ。

※7 安藤氏は直島で、家プロジェクト「南寺」（1999年）、地中美術館（2004年）、李禹煥美術館（2010年）、「ANDO MUSEUM」（2013年）の設計などに携わっている。ベネッセホールディングスと公益財団法人福武財団は現在、「ベネッセアートサイト直島」として、直島、豊島、犬島を舞台にアート活動を展開している。直島では、「点在していた空き家などを改修し、空間そのものをアーティストが作品化した「家プロジェクト」や、街並みに色とりどりののれんを戸口に掲げる「のれんプロジェクト」が行われている

仕事というのは、味方をつくらなくてはいけません

――暴走（笑）を続けながら成功する、その秘訣を教えてください。

安藤　やっぱり何か自分の仕事を成し遂げようと思ったら、味方がいるんですよね。私の場合は、「面白いヤツだ」と目をかけてくれた、関西財界の方々の存在がやはり大きかった。「仕事をくれ」だとか、何も直接頼んだことはなかったのですが、忘れた頃に声をかけてくれたり、見えない所で応援してくれていたりと、ずっと助けてもらいましたね。先ほど「恩返し」と言いましたが、自分が彼らにしてもらったことを、今度は自分が社会に――という感覚です。

味方が必要というのは、人生も建築づくりも同じですね。例えば、直島で私は現代建築をつくってきたわけですが、ピカピカの建築だけでは味わいがないでしょう。周りに美しい島の自然が広がっていて、島の反対に回り込んだら古い民家がある。家々のきれいなのれんを横目に、足を踏み入れると、またその中が現代美術のギャラリーになっている。面白いし、奥行きがありますよね。福武さんは、島の風景をみんな味方に付けているわけです。さらにこうした取り組みを通じて、自分たちの島を愛で、誇りを持っていた直島の町の人たちも味方にしていきました。

好奇心が生きる力になる

――暴走し続けることが、味方づくりにつながり、イノベーティブな仕事をし続けることにもつながっ

※8 「こども本の森 中之島」エントランスに置かれた青リンゴのオブジェ。安藤氏が「青春の詩」をイメージして造形した（写真提供：安藤忠雄建築研究所）

たわけですね。そんな安藤さんから、今の若い人たちにメッセージをいただけないでしょうか。

安藤　「青春の詩」[※8]という詩があります。サミュエル・ウルマンという詩人の作品で、「青春とは人生のある期間を指すのでなく、心の持ち方を指すものである」という一節が有名です。60歳でも70歳でも目標を持っている限り青春だ、ということです。私はこの詩を亡くなられた佐治敬三さんに教えられました。生きている限り青春は続くのだから、年を重ねても奔ることをやめるな、と。

大切なのは、安易な成熟を良しとせず、いつまでも青臭く、夢を持ち続けることですね。若い人たちには、今抱いている夢を100歳まで追いかけ続けろ、と言いたい。これからは人生100年と言いますから。そんな長い期間、青春を続けていくためにはやっぱり生きる力がいる。身体的体力と知的体力の両方です。それから、総合的に地球を読み取る力でしょうね、これからの時代は。そのためにも、20代、30代でそれぞれの好奇心

(写真：菅野勝男)

の限りを生き、徹底的に人間力を磨いてほしい。

――「地球を読み取る力」ですか。

安藤 私は1965年、24歳のとき初めて世界を知ったんです。横浜から船でナホトカへ渡り、シベリア鉄道で1週間変わらない風景の中を走り抜けモスクワへ。そこから北欧、フランス、イタリアを中心にヨーロッパを巡りました。帰路はマルセイユからアフリカの象牙海岸、ケープタウンまで行って、そこからインド洋を渡りアジアを回って10カ月かけて帰ってきたんです。そのときに身をもって実感したのが、一人の人間に対して地球はとてつもなく広大な存在であり、その中にはいろいろな人々とその生活があるんだということでした。

当時の私は、経済力、お金はない。そして外国語ができるわけでもない。あったのは体力と好奇心だけ。でも何かを「面白い」と思う好奇心が心にぐっと湧いてくると、生きる力みたいなものが身体全体にみなぎってくるんですよ。
好奇心を喚起するのはやはり、現実の世界の面白さでしょうね。もちろん、スマートフォンがあれば知りたい情報はいつでも得られるわけですが、液晶画面の中に見る地球と、自分の身体で感じる地球の重さはまったく違うんです。

今回の新型コロナウイルスのパンデミックで実感したように、現在のグローバル世界では、すべての問題が地球規模なんですよね。人口とエネルギー・食料の問題、気候変動・環境破壊の問題にしても、一国だけでどうこうできる話ではない。人類全体の課題です。そんな難しい時代をどう生きていくか、次の世代には間違いなく「地球人」の感性がいるでしょう。それには教育です。これまでの日本でやってきたような、型にはまった制度ではない自立した個人をつくる教育。「こども本の森 中之島」がその一助になればという思いはありますね。図書館一つで何が変わるわけでもないですが、きっかけづくりぐらいはできるのではないかと。

パンデミックだとか、異常気象・自然災害だとか、現実の世界では信じられないようなことが突然起きますからね。そんな中で、皆が「地球人」の価値観を共有して、それぞれの職業を通じて自分はいかに生きるべきか、社会はどうあるべきか、と問いかけていったら、そこに新しい未来が開けるんじゃないかな。

ともあれ私は建築家ですから、建築を通じて何ができるかということを、ずっと考えてきたし、これからもそうありたいと思っています。

（写真：鈴木愛子）

障害者研究で「多様性」をアップデート

02

伊藤亜紗 氏

東京工業大学科学技術創成研究院
未来の人類研究センター長、
同大学リベラルアーツ研究教育院教授

伊藤亜紗・東京工業大学科学技術創成研究院未来の人類研究センター長は、障害を通した人間の身体の在り方の研究で脚光を浴びています。

「障害者一人ひとりの体の違い」を示した伊藤氏の研究成果は大きな反響を呼びました。その違いを認め合うことから見えてきた障害者と健常者の新しい関係性は、美術、スポーツ、コミュニケーション、建築や街の在り方など、人々の考え方や生活シーンを根本から見直させる力を持っています。

（初出：2021年3月12日）

伊藤亜紗（いとう・あさ）
東京工業大学科学技術創成研究院 未来の人類研究センター長
同大学リベラルアーツ研究教育院教授
2010年に東京大学大学院人文社会系研究科基礎文化研究美学芸術学専門分野を単位取得のうえ、退学。同年、同大学にて博士号を取得（文学）。日本学術振興会特別研究員、東京工業大学リベラルアーツセンター准教授などを経て現職。同時並行して、作品の制作にも携わる。専門は、美学、現代アート。もともと生物学者を目指していたが、大学3年次に文転。障害を通して、人間の身体の在り方を研究している。2020年、著書『記憶する体』（春秋社）を中心とした著作物でサントリー学芸賞受賞。

――伊藤さんが障害を持つ人たちの身体感覚に関心を持ったのはどうしてですか。

伊藤　自分が「この体を与えられている」ということって、単なる偶然でしかないわけですよね。まったく選択権がなくこの体で生まれてきてしまうわけですが、それを引き受けなくてはいけない人生なわけです。ある種、暴力的なことですよね。まず、このことがすごいなと思っているんです。

　自分のこの体から出ることはできないけれど、でも、想像力の範囲内ではありますが「違う体になってみる」ということはできるはずなのではないか。別の体で世界を見ると、世界の違う顔も見られるだろうなと思いました。

――ある意味、素朴ともいえる興味・関心が出発点だったんですね。

伊藤　純粋な興味ですよね。興味と、不安みたいなものも、どこかであったかもしれないですね。自分自身の体に対して「この体を引き受けなきゃいけないんだ」という不安な感覚を持っていましたし、「みんなはどう思っているのかな」と思ったりもしていました。

――自分以外の体はどのぐらい違って見えましたか。「ある程度予想通りだった」のでしょうか。あるいは「それ以上」でしたか。

伊藤　そうですね。思った以上に、思っていた100倍ぐらい（笑）、やっぱりみんな、それぞれすごく体が違うし、外から見えていない面というのはあるなと思いますね。

「障害者＝いつも配慮される存在」になりかねない「多様性」

――その「違い」というのは、最近よく使われている「多様性」という言葉とはニュアンスが違うように思えます。伊藤さんは「多様性」の在り方について、「あまり好きではない」と発言もされていますね。

伊藤　そうですね。最近はいろいろなところで「多様性」という言葉が使われていますが、まず、当事者はあんまり多様性という言葉は使わないんです。そこにまずギャップを感じています。

「多様性」という言葉が広まることで、（障害者への）理解が深まるのはすごくいいことなんですが、同時にすごくステレオタイプなラベリングになってしまいかねないんですよね。

そうなると、「あ、この人、目が見えないんだ。じゃあこういう配慮をしなきゃいけないね」ということになって、いつも配慮される対象になる。すると、当事者は「いつも障害者を演じなきゃいけなくなる」ということがあって……。

――伊藤さんの著書※1を読むと、例えば「視覚障害者」といっても、人それぞれ感覚が違うことに気付かされます。

伊藤　もちろん障害のことは知ってほしいですし、必要な配慮はしてほしいと思います。でもやっぱり当事者からすると、ずっと障害者として扱われ続けるのはしんどい。普通の人として接してほしいと思いますよね。

そういう意味で私がいつも言っているのは、「その人の中に様々な顔がある」ということです。「社会の

※1 『目の見えない人は世界をどう見ているのか』（光文社、2015年）、『どもる体』（医学書院、2018年）、『記憶する体』（春秋社、2019年）、『手の倫理』（講談社、2020年）など。様々な視点から人間の身体感覚に迫っていく

中には様々な人がいる」ということよりも、その人の中の多様性の方が大事なんじゃないかと思っているんです。

「この人は視覚障害者」だと思うと、いつもその顔しか見えないけれども、違う側面が存在するんだということを意識して接していると、その人が（障害の話とは）全然違う話の相談相手になったりするわけです。自分の子どもの教育についてすごく悩んでいたときに、その視覚障害の方にも子どもがいたりすると、ちょっと子育てのことを相談できたりもしますよね。

こうやって違うチャンネルでもたくさんつながれるわけです。でも、どうしても「多様性」という言葉には、その障害者の「障害」の部分だけでつながろうとしてしまう力というのがある。それがちょっと窮屈なんじゃないかなって思っています。

――そういった「障害者と健常者」という枠組みではないコミュニケーションは当然あるわけですが、一方で、障害者と健常者とでは違うところもたくさんあります。

伊藤　もちろんそうです。そして、障害を持っている人はとてもイノベーティブだと思うんですよね。

――どの辺りにそれを感じますか。

伊藤　「世界と自分がフィットしていない」というのが障害の定義です。この世にこの体で生まれてきたけれども、環境が自分に合ってないという人が障害者ですよね。そのときに、社会を変えていくことがまずは重要ではあるのですが、いまだ埋めきれない日々のギャップに対して、「どうやってこの環境に自分の体を添わせるのか」「うまく組み合わせることができるのか」ということについて、いつも工夫をして

（写真：鈴木愛子）

いるのが障害を持っている人なんです。

——ずっと自分で工夫し続けないと、社会とつながれないわけですね。

伊藤　そうですね。だから健常者って「ぼーっとしていられる人」だと思うんですよね（笑）

——確かにそうかもしれません。

伊藤　それで、この前の冬に、知り合いの人にニット帽をプレゼントしたんです。その人は病気で片手が使えないんですが、「ニット帽、ありがとう」というメールの最後に「どうやったらこのニット帽を自分がかぶれるかを、今研究しています」って書いてあって……。確かに、ニット帽を片手でかぶるのはすごく難しいですよね。

もともと人間関係ができていたので成り立ったやり取りだとはいえ、これって一歩間違えると「私の配慮が足りない」っていうことにもなるケースだと思うんです。でもそうではなく、むしろ前向きに捉えてくれる力というのが、実は彼の中にあったわけです。

もちろん、ベースに信頼関係があるということはとても大事だと思いますが、これを配慮、配慮で接し過ぎてしまうと、彼らの創造的な部分を発揮できなくしてしまうことにもなりかねないわけですよね。

――もしかしたら、そういったところから、例えば「片手でもかぶりやすいニット帽」が生まれるかもしれません。

伊藤 そうですね。彼らがやっているちょっとした工夫というのは、やっぱりすごいなと思うんです。ちょっとしたゲーム、例えばオセロゲームをするとき、普通にやったら視覚障害者はどっちが白か分かりません。そうすると、どうやったらできるんだろうと工夫をし始めるんです。片面に何かシールを貼っておこうとか。

そんなふうに、すべてのものごとに〝翻訳〟とか〝変換〟が入るんです。常に障害という要素が入ることで、これまでとは違う発想がその場にもたらされる。障害者がその場に入ることで、当事者である障害者だけではなく、場自体がものすごく創造的にならざるを得ないわけです。そこがやっぱり面白い関係性だと思います。

対等な関係を築くことからイノベーションが生まれる

――生活の中で絶えず工夫していく中での障害者の独自の感覚や、健常者とのやり取りを通じてイノベー

ションが生まれてくるわけですね。彼ら独特の視点で健常者にないものを補っていく、というイメージでしょうか。

伊藤　それもありますが、障害を持った人と関わると、「障害を持った人から何かヒントがもらえる」という手前で、「(健常者である）自分のできなさ」がすごいヒントになるんです。当たり前のことがガラガラっと崩れる感じが常にありますね。そこがすごく大事だと思います。

「ソーシャル・ビュー」という美術鑑賞の方法があります。複数の見える人と見えない人が、対話しながら一緒に同じ作品を鑑賞するという方法なのですが、そのときに一番大事なことって「見える人が何も言えない」ということなんです。絵画を見て、「これを説明してください」と言われても、見えるからといってうまく言葉で説明できるというわけではないんですね。ですから、ソーシャル・ビューでは、最初はみんなすごく口ごもるんです。最初しばらく、シーンみたいな感じ（笑）

ソーシャル・ビューでは、健常者が「こんなに見えているのに説明できないんだ」ということを知ったり、同じ絵を見ているのに言葉にするとみんな違う説明をし始めたりする経験を通じて、「何かを見る」ということの価値が大きく下がっていきます。つまり、健常者が「できる」と思っていることや、「当たり前だ」と思っていることが崩される。そのことがすごく重要なんですよね。健常者って、別に答えを知っている人じゃなかったんだということが明らかになっていくわけです。

――普段の生活においても、障害者と健常者が交わっていけばいくほど、いろんなインパクトが出てくると思います。どんなふうにお互いが関わっていくと、より良い社会になっていくとお考えですか。

伊藤　まずは対等な関係を築くことからだと思います。

米国カリフォルニア州バークレーは、世界で最も障害者が暮らしやすいと言われている街なんですが、バークレーに行くと、例えば車椅子の人が4、5人集まって、道路の真ん中とかで世間話をしていたりするんです。そして、その人たちはパンクみたいな格好をしていたりとか、たばこを吸っていたりとか、自然な感じなんですよね。

日本の障害者の人たちは、どうしても「人から好かれなきゃいけない」みたいなプレッシャーがすごくあるように思えるんです。健常者の側にも、「障害者なんだから、もうちょっと礼儀正しくしろ」みたいな、そういう感覚があると思います。多分、それがある限りはイノベーションが起こったり、対等な関係になったりはしないんじゃないでしょうか。助けてあげる・助けてもらうという関係から、まずはその外側に出ることがすごく大事なんじゃないかと思います。

健常者といっても、自分一人でできていることなんて何もないんです。夕ご飯を食べることを考えてみても、調理は自分でやったとしても素材までつくるわけじゃないですよね。着ている洋服だってつくってもらっているわけです。そういう意味では、みんなが助けてもらって生きているわけですよね。

これも健常者が当たり前だと思っているところを崩すということなんですけど、そういうことを考えるところから、いい意味で障害者と健常者との横並びの関係ができたときに、お互いにとって創造的な発見が生まれてくるような気がします。

――そのあたりのことは、伊藤さんが所長を務める未来の人類研究センター※2の研究テーマである「利他」ということにもつながってきそうですね。

伊藤 そうですね。ただ、利他の実践はすごく難しい、それゆえに研究しがいがあると思っています。先ほ

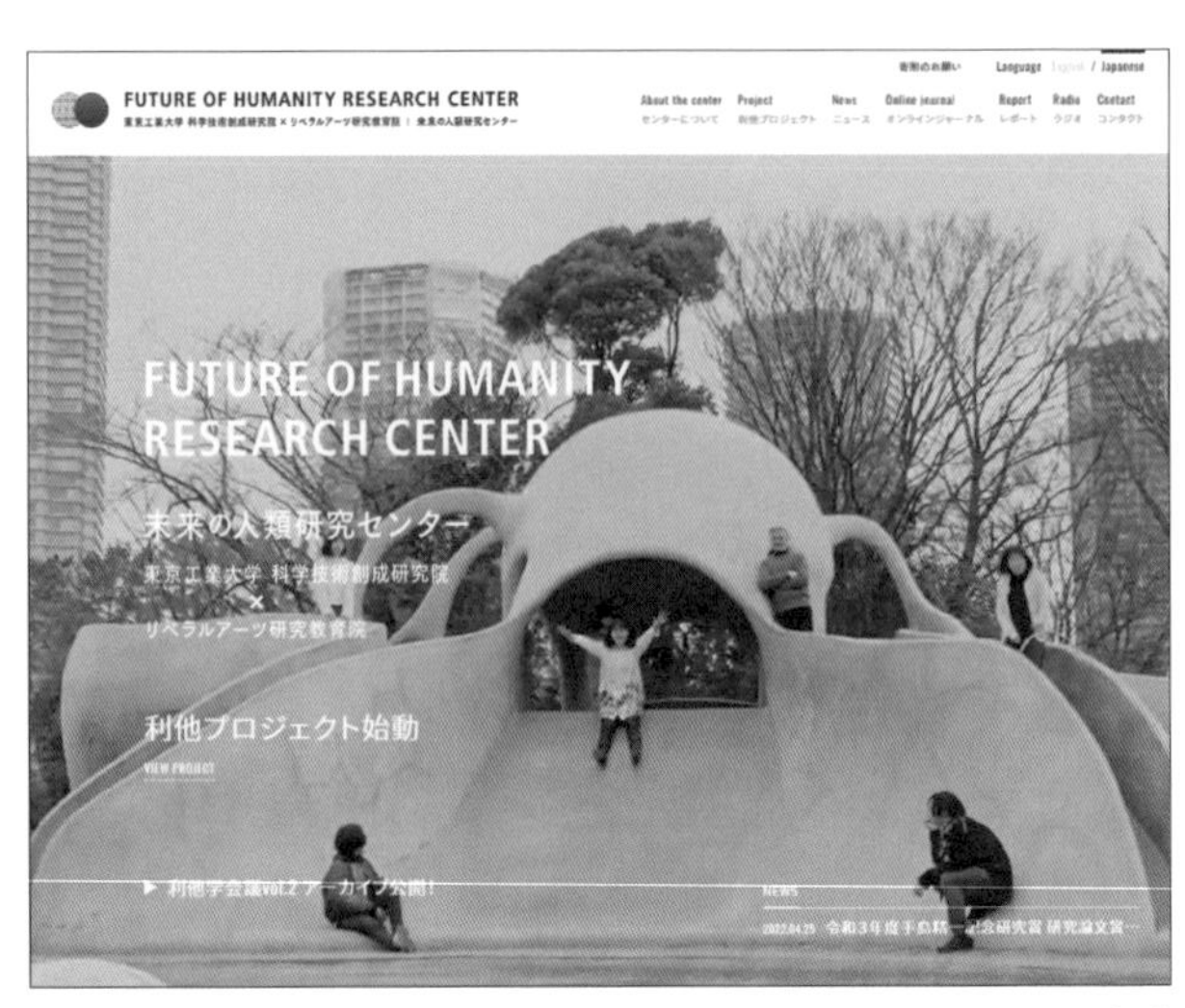

※2　リベラルアーツ研究を推進するため、東京工業大学科学技術創成研究院（IIR）の中に、2020年2月に設置された組織。最初の5年間、「利他」をテーマに掲げて活動する（URL：https://www.fhrc.ila.titech.ac.jp/）

どもお話をしましたが、障害を持っている人に配慮しよう、この人のために何かをしようと何かをすると、逆にその人のためにならないということもあるわけです。その人に障害者を演じさせてしまうことになったりとか、本人が調整しようとしているときに手を出してしまったりとか……。そういうことがとてもよくあります。本当の意味での利他って何なんだろう？　ということを考えたいなとは思っています。たまたまセンターの中で、自分と全然研究領域が違う人たちと一緒に研究できるようになったので、その問題を集中的に考えているところです。

新しい発想は、雑談から生まれる

――伊藤さんの専門は美学ですが、今、アートとビジネスの関係性といったことが盛んに言われています。美学という領域から見えてきた障害者と健常者の関係性や、そこから生まれた発想をビジネスに生かすといったことは考えられますか。

伊藤　私自身はビジネスという視点で考えてはいませんが、生活の中でのヒントは障害者の方から常にもらっています。多分ビジネスでも何かヒントになるものはあるんじゃないかなとは思います。

抽象的な話になってしまうのですが、美術の世界の面白さというのは「対立している方が楽しい」ということなんです。作品には解釈が複数あってもよくて、正解はない。しかも自分と全然違う解釈を聞いても面白いわけですよね。つまり、自分の考えを変えなくても、人の考えが分かるわけです。「ああ、この絵ってそういうふうにも見えるんだ」と考えられるというところが、やっぱり面白いと思っているんです。

それに対して、ビジネスの世界の人と時々お話をすると、どうしても二項対立的な発想が多いのかなと感じることがあります。利益の追求が大前提の目的だから当然といえば当然なのですが、AがあってBがあったとすると、「AとB、どちらがいいか」という発想になりがちですよね。ビジネスの世界だとそうせざるを得ないのかもしれませんが、でも、美術の世界というのはそこがまったく違っています。「AとB、両方面白いよね」とか「AとBがあるんだったら、Cじゃん（笑）」みたいな考え方をするんです。その「AとB」の「と」というところが面白い。その間が面白いみたいなことだったりするので、そういうところまで入っていただけるといいのかなとは思います。

市民社会ができて、みんなが自分の利益を追求するようになっていった時代に、カントという哲学者がいました。彼は美というものの役割は無関心性だと言ったんですね。無関心というのは、興味がないという意味ではなく、自分の利益と関係ないところに行ける、ということです。そのことが「美」というもののすごさだし、社会的な役目だと言っていたんですけど、私は本当にそうだなと思っていて、利害関係みたいなものからいったん離れて、自分はこう思う、ほかの人はこう思う、違うのが面白いねと言えたりとか、そういう役割が美術にはあると思っています。そうした、ちょっと違う人と人との関係をつくる場が美術なんだというところに共感していただけるとうれしいなと思います。

――では最後に、これはビジネスに限った話ではありませんが、新しいことを始めようとする人、あるいは、新しいテーマを見つけようとしている人に、アドバイスをお願いします。

伊藤　「雑談を大事にしましょう」ということでしょうか。うちのセンターでは、会議もするんですけど、雑談でいろんなことを決めるというか、決めると言っても「あれは……決めてるのかな?」というような感じで話が進んでいきます。最初の計画通りに進むということも大事なんですけど、そこから新しいことは生まれないので。

「生成的コミュニケーション」と私は言っているんですけど、何か役割がいろいろ切り替わったり、最初からゴールが見えているわけではないような状況で、雑談のようなところから生まれてくるものがたくさんあるんじゃないかなと思っています。

――コロナ禍の中、どうやって雑談の場を維持するのかが課題となりそうです。

伊藤　そうなんですよね。SNSでつながるなど、会っていないときに相手が何をしているのかを知ることがすごく大事になってくると思います。

恐らく、その人の見えてない側面みたいなものを探すという作業が雑談だと思うんです。様々なトピックが投げ込まれたときに、「あ、それって俺、すごい詳しい」みたいな、これまで見えていなかったその人の側面が急に出てきて、そこから新しい研究のテーマだったり、何かが生まれるということも珍しくありません。その見えていない側面を探す努力というのは、多分、これまで以上に必要になるんじゃないかなと思います。

（写真：千葉大輔）

地方創生のロールモデル

03

神山まるごと高専設立準備財団代表理事、
認定NPO法人グリーンバレー理事

大南信也 氏

大南信也氏は、道路清掃プログラム、アートプログラム、移住促進プログラム、サテライトオフィス誘致など、周囲を巻き込みながら住民主導のまちづくりを、地元・徳島県神山町で展開しています。

神山町では、同町で最初にサテライトオフィスを設置したSansanの寺田親弘社長の発案を受け、国内では20年振りとなる高等専門学校（仮称・神山まるごと高専、2022年8月に第1期生の募集開始予定）の開校準備が進んでいますが、大南氏はその中心人物の一人です。一つの成功体験にとどまらず、新機軸の取り組みを次々と生み出し、全国から注目を浴び続けています。

（初出：2021年7月9日）

大南信也（おおみなみ・しんや）

神山まるごと高専設立準備財団代表理事、認定NPO法人グリーンバレー理事

1953年徳島県神山町生まれ。米国スタンフォード大学大学院修了。帰郷後、仲間と共に「住民主導のまちづくり」を実践しながら、1996年頃より「国際芸術家村づくり」に着手。全国初となる住民主体の道路清掃活動「アドプト・プログラム」の実施（1998年〜）や、「神山アーティスト・イン・レジデンス」（1999年〜）などのアートプロジェクトを相次いで始動。2004年に「日本の田舎をステキに変える！」をミッションとするNPO法人グリーンバレー設立。理事長を務める。町営施設の指定管理事業や、町移住交流支援センターの受託運営、ITベンチャー企業のサテライトオフィス誘致など活動の幅を広げながら神山のまちづくりを進める。

――大南さんは以前からずっと、神山町で「シリコンバレーを目指す」と語っていますね。それは今も変わりませんか。

大南　はい、今も変わらないです。ただ、誤解されがちなのですが、それは「ＩＴで何か新しいことをする」ということではありません。これは以前からずっとそうなんですが、「新しいものや、新しいことがそこから自生してきたり、湧いてきたりするような場所」というのが、シリコンバレーについての僕のイメージです。

――「イノベーションのインキュベーター」みたいなイメージですね。

大南　そういうことです。通常だと、「条件がそろっていないから無理」だとか、そんなふうにものごとを進めていくことが多いですよね。でも神山はそうではなく、与えられたものの中から何か新しいものが生み出せるような場所でありたいし、そういうことができる人を生み出すような場でありたいですよね。そういう人であれば、分野を問わずどこでも活躍できると思うんです。

――今、設立準備を進めている「神山まるごと高等専門学校（仮称）」（以下、神山まるごと高専）※1も、そういった考え方ですよね。

大南　そうですね。神山まるごと高専の場合、ＩＴとかＡＩの教育というイメージをとかく皆さん持ちやすいんですが、必ずしもそれだけではありません。新しいモノやコトを起こせるような人たちを育てたいという考え方です。

※1　2023年4月開校予定。1学年40人、全寮制でテクノロジーとデザイン、アントレプレナーシップを学ぶ。Sansanの寺田親弘社長が主導し、グリーンバレー理事の大南信也氏、元電通のエグゼクティブ・クリエーティブ・ディレクターの国見昭仁氏ら有志14人が「神山まるごと高専 設立準備委員会」を立ち上げ、2019年6月プロジェクトが具体的に動き出した（2020年11月には一般財団法人神山まるごと高専設立準備財団を設立）。予定通り開設すれば、約20年ぶりの高専新設となる

なぜ「高専」なのか――Sansanの寺田社長と議論を重ねる

――神山まるごと高専は、神山町で最初にサテライトオフィスを構えたSansanの寺田親弘社長が主導して動き出したわけですが、そもそものきっかけを教えてください。

大南　Sansanが2010年に神山にサテライトオフィスをつくるということで寺田さんと出会ったのですが、その頃から彼は「株式上場を果たした後※2は、自分のプロジェクトとして二つのことをやりたい」と言っていました。一つはエネルギー、もう一つは教育だ、と話していました。それから年月が経って、確か2016年頃だったと思います。寺田さんから、事業も軌道に乗ってきたので、そろそろ第2段階の自分のプロジェクトについても少しずつ考えたいという話があったんです。教育については神山で学校づくりができないか、と。

それで、どういう形だったら神山で学校をつくれるか、いろいろ二人で話をしていきました。学校の形態は小・中・高・高専・大学とあるけれど、どれがいいのか。例えば全国でも小中一貫校とか、中高一貫校で特色のある面白い学校もできつつありますが、1学年の生徒数が二十数名の神山町にそんな学校ができると、ある意味競合するような形になってしまう。それでは町や町民の賛同も得られないでしょう。では大学はというと、別に神山じゃなくてもいいかなという気もしていました。神山町にできることの特色が出しづらいというか……。そして、それならば高専はどうだろうという案が寺田さんから出てきたんです。寺田さんがSansanを経営する中で、社員に高専の卒業生がいて、その人たちが非常に優秀だということもあったようです。

※2　同社は2019年6月に東証マザーズに上場。現在は東証一部。

それに、高専であれば町や町民からも賛同が得られるだろうと考えました。神山出身のほとんどの子どもたちは、高校入学時点で普通科に入るために町外にアパート暮らしをしながら通うことになります。そうではなくそのまま町に残って5年間学べるという選択肢ができるというのは、町にとってネガティブな要因には絶対にならないですよね。高専というのは面白い仕組みだなということがもちろんまずありましたが、一つの現実的な選択としても、「これはもう高専しかない」という話になっていきました。

新しいことを切り開いていく、起業家精神を持った人間を育てたい

――「高専」のどこに魅力を感じたのでしょうか。もう少し詳しく教えてください。

大南　高校だと3年間通って、それから大学入試があるわけです。そのときに「理系にしようか文系にしようか」といった形で進路を決めていくわけですが、子どもが自分の進路を念頭においたうえでの教育のスタートが15歳か18歳かということには、非常に大きな差があると思っています。やっぱり頭の柔軟さということでは若いほど有利ですから。

それに、中学校卒業時点で、ある程度自分のやりたいことが明確になってきている子もいると思うんです。そういう子どもたちが、高校3年間で普通科の勉強をしながら改めて18歳で進路を決めるというのは、ある意味もったいないと言うか、時間の浪費でもあるかなと思います。

だからそういう子どもたち、例えば世界の人を驚かすようなゲームをすぐにでもつくりたいという子がいるなら、その実践ができるような場を用意する。逆に、何をやっていいか分からないという子も当然いるはずですが、そういう子たちにとっては、周りの人たちのことを見聞きすることでヒントを得ることが

できる。この高専では、「これをやろう！」と決められる子どもが出てくれれば最終的にはいいのかなと思っています。

――町に足りないパーツと、寺田さんや大南さんの思いを合わせたら、それが「高専」だったというわけですね。ここではどんな教育を目指していきますか。

大南　僕らは「次世代型高専」と呼んでいるのですが、高専の枠組みを使いながら、起業家精神を持った人間を育てるような教育をしていきたい※3と思っています。それを15歳から始めることができれば、日本の高等教育に変化を生み出せるのではないかという意識はありますね。

これは僕のイメージですが、これまでの高専は製造部門の現場のトップになるような人間を育てようという意識があったのではないかと思います。そして、高専はその機能をうまく担ってきたと思うんです。一方で、人が使いたくなるようなデザインであるとか、そういった面の教育との融合がもっとあってよいのではないかと思ったんです。

これからつくる高専では、強みであるテクノロジーと同時に、デザインやデザイン思考なども一緒に学べるようにしていきます。それがある子どもたちは起業という形に開花していってもいいし、もっと学びを深めたい子は大学に編入をしてもいい。もちろん、すぐに現場で働きたい子は、現場で働ける力を持てるようにしていく。起業家を育てるのではなくて、起業家精神を持った人間を育てていく。それができれば、いろいろな面で新しいことを切り開いていく子どもたちが育っていくのではないかと思っています。

――高専と言いつつも、その中身を再定義しようとしているわけですね。

※3　起業家精神を持った人材を育成する新しい高専の開校に向け、着々と準備が進む（神山まるごと高専〈仮称〉の学校案内パンフレットより）

大南　文部科学省の設置基準をクリアする中で、「あそこまでやれるんだ」というモデルを提示することができれば、これまで行動を制御してきた思考の枠や固定観念が崩れ、学校としての可能性を広げられると思うんですね。そうした動きを先駆する役割を期待されている意識はありますね。

――企業版ふるさと納税を活用した資金調達の手法も、注目を集めています。

大南　２０１９年の12月から、個人版ふるさと納税の中で教育応援事業という枠組みを神山町につくってもらいました。そこを通してのお金を高専の設立に

（写真：千葉大輔）

も使えるような形になっているんですね。2021年からは、日本で初めて、学校設立のために企業版ふるさと納税を受けられるようになりました。

今ある仕組みを最大限に活用すると共に、新たな公民連携の形がつくられ、そこから調達された資金を投入することによって高専ができるということになれば、プロセス自体がすごいクリエーティブですよね。もちろん、最初から開設資金が十分あればそれで間に合うわけですが、不足しているからこそ、当然苦労も多いのですが、新しい何かが生み出せるんです。

——高専をつくることによって、若手人材が地域に残ってくれる、神山の人口減少に歯止めがかかるといった期待はありますか。

大南　恐らく町の人たちはそれを期待していると思います。けれど、もしそうなったとしても、それはあくまでも「結果として」ということだと僕は思っています。例えば「地方創生を目的にこの学校をつくります」と言ってしまうと、とにかく最初から「地域貢献のために」という枠の中での議論になってしまい、広がりを持たなくなってしまいますよね。

地方創生は究極の目的の一つではありますが、あまりそこに絞り込み過ぎると、「現時点で何か役に立つのか」「何がプラスになるのか」みたいな方向に結局すぐに行ってしまう。これだけ世の中の先が見えない時代なのに、その時々の現実解ばかり追い求めていたら、絶対に時代から放り出されてしまいます。ですから、地域貢献についての意識は常に持ちながらも、そこに向けての目標は、あえてぼんやりとしたままでいいと思っています。

――変化し続ける余地を残しておく、ということですね。

大南　僕のすべてのものごとに対するモチベーションは、「変化の向こうにある変化をのぞいてみたい」ということなんです。この向こう側には何があるのかを常に探り出したい欲求があるんですね。ですから、高専ができたら、高専のできた向こうに起きるであろう変化をのぞいてみたいんです。それが一つのモチベーションになって次の展開に進んでいく。そんなところがありますね。

町内全域に光ファイバー網、最初はアート事業での活用を考えていた

――このプロジェクトは、Ｓａｎｓａｎが神山町に進出してこなければ、そもそも立ち上がらなかったと思います。Ｓａｎｓａｎの寺田社長とはどのようにして出会ったのですか。

大南　まず前段からお話をしますと、一つのきっかけは２００５年9月に神山町全域に光ファイバー網が

整備されたことでした。テレビ放送のデジタル化に伴っての行政の対応だったのですが、僕らとしてはちょうど「待ち望んでいたものが来た！」ということになりました。まずは「神山アーティスト・イン・レジデンス」[※4]の取り組みで活用できると考えていました。

当時の回線はＩＳＤＮが主流だったので、通信速度が遅く、アーティストを公募する際には、それぞれの過去の作品画像をスライドで郵送してもらっていました。１００人応募してくると（返送料が）10万円かかります。弱小ＮＰＯにとっては結構な出費です。画像がネットで転送できるようになれば、コストは抑えられるし手間も減る。さらに、より多くのアーティストを招き入れるために、招待プログラムだけでなく自費滞在プログラムも伸ばしていこうと考えていたのですが、こうした新しい取り組みをきちんと世の中に伝えるには、当然、ネットによる情報発信が重要になってくるわけです。

アーティスト・イン・レジデンスは、国・県・町から補助金や助成金を受けて運営をしていたのですが、通常補助金等は3年とか5年で打ち切りになります。その後の展開を考えると、招待プログラムを続けていくのは難しいと僕らは考えていました。招待は毎年3人なんですが、２００３年頃からは１７０人ぐらいが応募してくれるようになっていました。そこで、招待できなかった人たちに対して「滞在費や交通費が出なくても神山に来たいですか」とアンケートで尋ねてみたところ、8割ぐらいの人たちがそれでも来たいって言うんですね。欧米はアーティストに対する支援がたくさんあるので、制作の場所さえ確保できれば来ることができるんです。

また、光ファイバーが通る前は、文化庁の外郭団体にお願いをして、そこのサイトから世界のアーティストたちにプログラムを紹介していたのですが、ネット回線が充実したことで直接アーティストとの間でやり取りができるようになり、日常的にアーティストの生の声に接することができるようになっていきま

※4 1999年スタート。毎年8月末から約2カ月半、日本国内および海外から3～5人のアーティストが神山町に滞在。作品を制作し毎年10月下旬から作品展覧会を開催する。長期滞在することで町民との交流も図る。2020年はコロナで海外アーティストの招待休止（2022年秋に延期）

した。そこで、総務省の地域ＩＣＴ利活用モデル構築事業に採択されたのを機に、アート情報などを一元化して発信するウェブサイト「イン神山（ｉｎ Ｋａｍｉｙａｍａ）」[※5]を２００８年に構築しました。

――当時はサテライトオフィスの誘致が主眼ではなかったのですね。

大南 そうですね。サテライトオフィスという言葉さえ知りませんでした。僕らとしては、この「イン神山」を使ってアート事業から何らかのビジネスを起こしていきたいという思惑がありました。ただ、ちょうどその頃に神山町移住交流支援センターの運営もグリーンバレー（２００４年に大南氏が設立したＮＰＯ法人）に委託されていたので（２００７年10月～）、アートから移住・起業支援をも含めた総合的なウェブサイトをつくることにしました。このときに、アーティスト・イン・レジデンスを読み替えて、「ワーク・イン・レジデンス」という移住・起業支援プログラムを始めたんです。

――ワーク・イン・レジデンスでは、職能などで「逆指名」する移住者の募集方法が話題になりました。

大南 例えば、町にはパン屋さんが足りないからパン屋さんだけ、あるいはウェブデザイナーさんがいないからウェブデザイナーさんだけ移住者として受け付けますよ、といった形で募集をしました。通常、行政が移住者を募集するときには、できるだけたくさんの人に応募してほしいという気持ちがあるじゃないですか。絞り込んだら応募してくれる人が少なくなるのではないかと心配するわけです。僕らも多少そういう心配もしていたんですが、結果的には絞り込むことによって「自分が求められている」という意識の高い人が来てくれることになりました。

そうして神山町に移住者も増えてきたので、より多様な職種の人たちを呼び込もうと、クリエーター用

※5　2008年公開（URL:https://www.in-kamiyama.jp/）。現在はNPO法人グリーンバレーと神山つなぐ公社が共同で運用

滞在施設の改修を始めていたのですが、これに参画してくれていた建築家の須磨（一清）さんがSansanの寺田（親弘）社長と大学時代の同期で、Sansan東京オフィスの内装も須磨さんが担当したりしていたんですね。そんな中で、寺田さんが新しい働き方を模索していたときに、須磨さんが神山の話をしたんだそうです。アートのプログラムをやっていて、小さな町だけれど、光ファイバー網が張り巡らされていてネットの速度がめちゃめちゃ速い——。その話を聞いた寺田さんは、聞いた直後の週末、2010年9月25日・26日に神山にやってきました。それでほぼ即断でしたね。10月14日にはSansanの社員3人が東京からパソコンなどを積んで車でやってきて、仕事を始めたんです。これが神山町のサテライトオフィスのスタートとなったわけです。

Sansanに「地域貢献」は求めなかった

——神山町への進出企業であるSansanには、何を求めたのですか？

大南　今から振り返ると、寺田さんが持つ先見の明には驚くばかりです。彼自身がシリコンバレーで体感してきた新しい働き方を東日本大震災の半年前に実現していたわけですから。その思いを実現するためにはまず神山に受け入れてもらわなければならないと考えたのでしょう。寺田さんから、Sansanは地域貢献をしたいのだけれど、まだ設立3年のひよこのベンチャーで社員数も少ないからどんな地域貢献ができるのか教えてほしい、と。

僕はそのとき、「Sansanの地域貢献は、Sansanが神山でも本業ができるということを証明してくれることだと思う」と答えました。地域の人たちが求める「地域貢献」というのは、ほとんどが労力を提供してほしいといった感じのものをイメージしています。例えば道路脇に草が繁茂しているけど草刈りをする人がいないので手伝ってほしいとか、そういったことです。だけど、僕はそういう在り方に違和感を覚えていたので、「仮にSansanのようなベンチャーの本業が神山のような地域で成立することを見せてくれたら、多分、寺田さんは日本の何かを変えることになると思う」という話をしたんです。

Sansan神山ラボ（神山町に設置したSansanのサテライトオフィス）※6の前で、寺田さんと僕はスタンフォード大学のあるパロアルト（米国カリフォルニア州）という街のことを話しました。ウィリアム・ヒューレットとデビッド・パッカードがヒューレット・パッカードを創業したガレージがあるパロアルトのアディソン通り367番地。そこには創業時のガレージが復元され「シリコンバレー発祥の地」というサインボードが立てられています。将来このオフィスから世界に向けた変化が生まれてきたら、もしかしたらこの場所に「神山バレーの発祥地」というサインボードが立てられるかもしれないと語り合ったことがあります。このときのことは寺田さんの頭の中にもすごく残っていたようで、いまだにその話が出てきたりもしますよ。

――大南さんにとって、やはりシリコンバレーは大きな存在なのですね。最近はコロナ禍の影響で減っているかもしれませんが、大南さんがシリコンバレーを目指しているように、神山町を目指す人たちがたくさん視察に来たのではないかと思います。視察に来た人たちには、神山のどこを見てほしいですか。

大南　こういう言い方はあまり好きではないのですが……大まかに二つの捉え方をする人がいるような気がします。まず、神山のワーク・イン・レジデンスをはじめとするいろいろなプロジェクトを「自分のまちでもまねてやってみよう」という人たち。もう一方で、視察後に「自分たちがやっている方向は間違っ

※6　神山町初のサテライトオフィス「Sansan神山ラボ」。「OMOYA」外観（上）と「KOYA」内観（下）。築70年以上の木造住宅をリノベーションした（写真：2点ともSansan）

ていないことが分かりました」という言葉を残す人たちも、少数ですがいます。まねようとしている人たちも、それはそれで悪くはないんですが、多分、何かをつくり出すのは後者の人たちが多いんじゃないかと思います。

いろいろなものごとを起こしても、それに対するインパクトや変化というのは、現れてくるのに時間がかかります。その結果、モチベーションの維持が困難になってしまいます。「やっぱりこんなことを続けていても何もならないのか」と、心が折れてしまう人が多いんですね。でも、そんなときに「いや、間違っていない」ということが確信できたなら、次のステップまで動いていけるじゃないですか。そういう人たちはうまく行くと思います。したがって、現在起きている現象ではなく、何がその現象を生み出したのかを深掘りしてほしいですね。

「読み替えること」「自分の目で確かめること」が大事

――これからベンチャー、スタートアップを目指す人、新しいことに取り組もうとしている人にメッセージをいただけますか。

大南　抽象的なことですが二つあって、まず「読み替え」をすること。これは僕自身、習慣的にずっと心掛けてやっています。例えば、昔からずっと日本経済新聞のシリコンバレー支局から送られてくる記事は漏らさず読んでいるのですが、その中で「Ｇｏｏｇｌｅがあることを始めた」といった記事に出会ったら、必ずＧｏｏｇｌｅをグリーンバレーに読み替えたり、自分自身に読み替えてみたりするわけです。

要は、常にシミュレーションを繰り返すわけです。日々、いろいろな人が自分の前を流れ星のように通過しているものですが、そのときに読み替えによるシミュレーションができていれば、自分にとって重要な人が通過したときに「あれ?この人!」ってすぐに反応ができる。「この人、自分がずっと探していた人だ」「この人がプロジェクトに入ったら絶対面白いことになる」といった感じに、必要な人と出会える確率が格段に高くなります。これは実感しています。この読み替えはトレーニングなので、誰でもやろうと思えばできます。習慣化していれば、そういうものごとの捉え方っていうのはできるようになるものです。

もう一つは、世の中にある情報とか、あるいはデータとかを鵜呑みにしないことです。必ず自分の目で確かめることが重要です。常に反芻しながら疑ってみる。「本当に当たり前のことなの?」「ほかに道はないの?」といったような自問自答を常に繰り返していますね。だから僕は人の噂にはほぼ反応しないんですよ。

（写真：加藤康）

04

スポーツを地域に開放したチェアマン

日本トップリーグ連携機構　代表理事　会長、
Jリーグ初代チェアマン
川淵三郎氏

1993年に開幕したプロサッカーリーグ「Jリーグ」創設をけん引した川淵三郎氏。Jリーグは、これまで「企業スポーツ」「学校スポーツ」として発展してきた日本のスポーツに、「地域スポーツ」という新たな概念を植え付け、定着させました。サッカー競技全体のレベルも引き上げられ、今や日本はワールドカップ常連国です。

Jリーグの誕生について、「戦後日本のスポーツ界で最もイノベーティブな出来事だ」と評しても、否定する人はほとんどいないでしょう。

（初出：2020年2月28日）

川淵三郎（かわぶち・さぶろう）
日本トップリーグ連携機構　代表理事　会長Jリーグ初代チェアマン
1936年大阪府生まれ。早稲田大学在学時にサッカー日本代表に選出。卒業後は古河電気工業に入社。1964年東京五輪に出場。日本代表監督などを経て、1991年Jリーグ初代チェアマン、2002年日本サッカー協会会長（キャプテン）を務めたほか、Bリーグ初代チェアマン、日本バスケットボール協会会長、公立大学法人首都大学東京（現・東京都立大学）理事長、東京五輪・パラリンピック大会組織委員会の評議員、選手村の村長などを歴任。現在、日本サッカー協会相談役、日本バスケットボール協会エグゼクティブアドバイザーを務める。

――川淵さんといえば、プロサッカーリーグ「Jリーグ」※1の誕生（1993年開幕）に大きく貢献し、また、分裂していたバスケットボール組織をまとめ上げて「B.LEAGUE（Bリーグ）」※2発足（2016年開幕）の立役者になるなど、スポーツ分野での大きな改革を強力にけん引してきました。今日はそんな川淵さんに、リーダーの在り方、プロジェクトの在り方について、改めてお聞きしたいと思います。

川淵 やっぱり一番大事なのは、プロジェクトが目指す方向だね。

――「方向」ですか。

川淵 「ここに到達したい」という、その映像を描けるかがすべてだからね。改革のやり方、方法はいろいろあるけれど、「じゃあ、どこに向かっていくの？」という方向がはっきりしていないと。場合によってはもう、全然違うところに行っちゃったりするから。

そんなときに一番大事なのは、「どこに行くのか」という方向、つまり、その到達地点をまず明確にすることだね。これがあると、人を説得するときに説明がしやすくなる。「何のためにどう改革していくのか」「この方向に進めていくとこんなふうになる」ということを論理的に話すことができるからね。

「今のやり方ではここがどうだ、あそこがこうだ」と、枝葉末節を説明したところで、改革の大局観とはまた別の次元の話になってしまう。現状を改革するためには、そこのところを一番注意して取り組まなければならないということだね。

※1　Jリーグとは、日本プロサッカーリーグの通称。1993年5月15日開幕。主催団体は公益財団法人日本サッカー協会（JFA）、およびその傘下の公益社団法人日本プロサッカーリーグ。3部制で、2022シーズンのクラブ数は、J1が18クラブ、J2が22クラブ、J3が18クラブ。1991年11月、初代チェアマンに川淵氏が就任。現在のチェアマンは第6代の野々村芳和氏

※2　B.LEAGUE（Bリーグ）とは、公益社団法人ジャパン・プロフェッショナル・バスケットボールリーグ（JPBL）が運営する国内男子プロバスケットボールリーグ。2015年4月に創設され、16年9月22日に開幕。初代チェアマンはJリーグ初代チェアマンも務めた川淵三郎氏（開幕前の2015年9月に退任）。現在のチェアマンは第3代の島田慎二氏。2021-22シーズンのクラブ数はB1が22、B2は14。なお、B3リーグは一般社団法人ジャパン・バスケットボールリーグが運営し、クラブ数は15

改革にまず必要なのは、「方向」を示すこと

――川淵さんがよく重要性を説いている「理念」ではなく、まずは「方向」なのですね。

川淵　そうだね。理念というのは、何のために何を達成するのかというときの、「何のために」というところが「理念」なんだよ。要するに「方向」と「理念」は表裏一体のものなんだ。「あそこに行くから、とりあえずみんなついて来い」と方向だけを示しても、「何のために」「どういう目的で」そこに行くのかという理念がない限りは、みんなを説得できないよね。

つまり、理念に基づいて理論武装をして、そこに至る道を説得していけばいいわけだ。Jリーグもそうだし、Bリーグもそうやってきたんだよ。

――Jリーグのときの向かうべき方向、一番の目的というのは……。

川淵　それはもう「地域に根差したスポーツクラブづくり」に尽きる。

ヨーロッパのスポーツ先進国には、昔から当たり前のように、至るところにスポーツクラブがあったんだけど、日本にはなかった。だから、Jリーグが掲げた理念について、読売新聞の渡邉（恒雄）社長※3には「空疎な理念」って言われたんだよ。その頃は渡邉さんに限らず、みんな「地域に根差したスポーツクラブ」ということが理解できていなかった。今ならみんな分かるだろうけど、当時は「地域に根差すってどういうことなの？」とか、よく聞かれたからね。

地域の人がそこに行けば、それぞれの人のレベルや目的に応じた指導者がいて、老若男女誰もが自分の

※3　Jリーグ開幕後、クラブでの企業名表記やホームタウン移転などをめぐり、当時読売新聞社の社長だった渡邉恒雄氏（現・読売新聞グループ本社代表取締役主筆）は川淵氏と対立。渡邉氏はJリーグの理念を「空疎」と言い、川淵氏を「独裁者」と呼んだ

好きなスポーツをエンジョイできる。そして、そこには強いサッカーのチームがあったり、あるいはラグビーのチームがあったりして、そのチームが地域の代表として戦っていくというのが「スポーツクラブ」なんだよね。

地域の人が賛同してくれて、そのクラブを育てていく。そして、そのクラブの中から優秀な選手が出てきたときに、そのチームや選手をみんなで応援していこうというのがヨーロッパのスポーツクラブの在り方だよね。そうやってプロスポーツとしてチームが活躍したら、そこで上げた利益を地域社会に還元して、施設などをどんどん充実させていく――。そんなことを本当に何度も、口を酸っぱくして繰り返し説明してきた。だからその頃は疲れたよ、相当（笑）

最初は自治体も理解できなかった「地域に根差したスポーツクラブ」

――自治体も当時は理解していませんでしたか？

川淵　僕らは初めに地域の行政のところに出向いて、「サッカーを通じて総合型のスポーツクラブをつくりたい」「プロチームが上げた収益は地域に還元するので、サポートしてほしい」「スタジアムを優先的に使用できるようにしてほしい」といったことを説明に行くんだけど、ほとんどの行政から「何でサッカーという一スポーツのために、サッカークラブという一企業のために、行政サイドがそれを支援しなきゃならないのか」って、そう聞かれたね。「一企業のためだけに、あのスタジアムを全部改修して、そんな金をかけて一体どうするんだ。おかしいじゃないか」って。当時の常識だと、まあ、そう思うよね。

それに対して、ドイツやイングランドのスポーツクラブの在り方、現状などを実際に見ている僕は、本

1993年5月15日、日本初のプロサッカーリーグ、Jリーグが開幕。日本の「地域スポーツ」はここから大きく発展した（写真：J.LEAGUE）

当に心の底からそれが地域にどういう恩恵をもたらすかを語れるからね。

まずはサッカーで始めるけれど、将来はいろんなスポーツをそこでエンジョイできるようになる。地域住民が本当に応援して、「おらが町のクラブ」となって発展していくような「地域に根差したスポーツクラブ」だよね。そのモデルはまだ日本にはないけれど、そういうものをつくり上げていきたいんだ、と。

――インタビュー冒頭、プロジェクトの成否は「その映像を描けるかがすべて」とおっしゃっていましたが、このときも川淵さんは、スポーツクラブの将来像について、映像を見せるかのように説明していったわけですね。

川淵　そうだね。今、Jリーグのクラブが地域社会の中に根付いて、行政にも全面的にバックアップしてもらえているというのは、そのことを理解していただけたから。信じていただけたから。そういうことだよね。

　当時は、Jリーグへの参加意思を示した団体のすべての自治体に行った。僕が行かなかったら、なかなか理解してもらえなかったんじゃないかな。まあ、自画自賛だけど（笑）

――企業経営でいうCSV※4**（Creating Shared Value）、昔で言うなら、近江商人の「三方よし」に近いものを感じます。地域の発展に資するサービスを提供して、利用した地域住民は満足して、企業は利益を得る。自分たち企業が生き残ることによって地域全体も活性化していく。Jリーグでは、そんなCSV的な考え方を30年近く前に提唱していたことになります。**


川淵　そういうことだと思うね。そういった形での地域に根差したクラブづくりという意味だと、やっぱり鹿島アントラーズは象徴的だよね。母体の住友金属（住友金属工業、現・日本製鉄）が、サッカーのプロ化を通じて町※5の活性化をしたいということから始まった。

　でも、その頃はマスコミにネガティブキャンペーンみたいなことを相当やられたよ。鹿島のおじいさんやおばあさん、農家の人とかに「サッカーって知っていますか」とか聞くわけだ。そうすると「知りません」と。そりゃあ、知るわけないよね。

　そういった中でも、住友金属が率先して、何とかサッカーのプロ化で鹿島の町を活性化したいという思いがあった。当時の竹内（藤男）県知事が、じゃあ、スタジアム（県立カシマサッカースタジアム）を100億円ぐらいのお金をかけて建てようと決断して、そこから始まって、あの鹿島アントラーズができるんだよね。その後も、地域の活性化のためにすごくクラブが努力している。一サッカークラブとしての

※4 CSV（Creating Shared Value）とは、米国の経営学者、マイケル・ポーター氏が提唱した概念。共有価値の創造、共通価値の創造などと訳される。企業の事業戦略と社会的価値を結び付けることによって、企業の競争力強化につなげようとする考え方のこと
※5 茨城県鹿島町（現・鹿嶋市）、神栖町（現・神栖市）、波崎町（現・神栖市）、大野村（現・鹿嶋市）、潮来町（現・潮来市）

活動だけではなく、地域の活性化ということを含めてものごとを考えているから、多くの市民がチームを応援するということにつながっていったんだよね。

――Ｊリーグのクラブが地域に根付くことで、市民の意識も変わっていきます。

川淵　まちにプライドを持つようになるよね。鹿島といえば「アントラーズのまちですね」と言われるようになって、その存在が日本中に認められるようになった。そうなると「僕は鹿嶋市民だ」と胸を張って言えるわけだからね。

それから、家族内もさることながら、市民同士での共通の話題ができるというのが、一番大きい。大人と子どもの間でサッカーという共通の話題ができた。そうして仲間意識がどんどん醸成されていくのは、地域にとってもいいことだよね。

――周辺地域にも波及効果が出てきそうですね。

川淵　鹿島アントラーズに関連していえば、今は合併して神栖市になったけど、（鹿嶋市の近くにある）波崎町には、サッカーグラウンドが70面ぐらいあったんだよ。

当時、波崎町には休耕田がたくさんあって、それで、ある地主が芝生のグラウンドを2面ほどつくった。そうしたら、その芝生のグラウンドに、東京やいろんなところから、学生が春休み、夏休み、冬休みに来て合宿するようになった。それからどんどんサッカー場が増えていった。70面もあると、対戦相手がいるから、みんなそこに行きたがるんだよ。関東一円の小中高、一般人、大学も含めて合宿にたくさんのチームが来るようになった。鹿島アントラーズがなかったら、波崎町はこんなふうには活性化していなかったよね。

組織の意思統一を図るには、トップのフォローが不可欠

――リーダーが「方向」と「理念」を打ち出したうえで、プロジェクトを実際に動かすには組織も重要です。「組織」については、どんなお考えをお持ちですか。

川淵　一人のかけ声だけで世の中は動かないからね。やっぱり、組織というものがしっかりしていないと。その中で、機関車役というのか、そういう人が組織にいると、やっぱり世間に対する発信力が違うよね。僕の存在価値というのは、そういうところだと思う。

――確かに、並外れた発信力ですよね。

川淵　いやいや（笑）。まあそれなりの役割を果たせたかなとは思うけどね。
でもやっぱり、僕が目標に向かって「みんなでこういうふうにしていこう」と言っても、その考え方に沿って意思統一ができていないと、ものごとはちゃんと動かないよね。JリーグでもBリーグでもそうだけど、僕が具体的に「こうしよう」ということに落とし込んだら、それを具現化してくれる人は絶対必要になってくる。そういう組織の形というのは、改革において最も大事だと思うね。

――意思統一は、実際にはすごく難しいですよね。

川淵　そうだね。やっぱりあとはフォローをどうしていくかだよね。

（写真：加藤康）

――フォロー、ですか？

川淵　例えば初めにサッカーのプロリーグをつくるときには、広報や選手の育成といったいくつもの委員会をつくった。僕は、それぞれの委員会がどんなふうに進んでいるかを全部自分の頭の中にインプットして、指示を出していた。やっぱりトップの考え方に現場が理解を示さないと、ミスリードする可能性があるからね。

これは一つの例なんだけど、米国の自動車メーカーが「川淵さんに車を提供したい」と言ってきたことがあったんだよね。そうしたら、専務理事だか常務理事だかが、「Jリーグのクラブの親会社に自動車メーカーが多いのに、チェアマンが、そうした会社を差し置いて米国車に乗るのはおかしい」ということで、僕の許可を得ずに断ってしまった。でもそれを後から聞いて、「クラブの出資会社ではない外国車の方が支障がない」と思ったんだよね。その辺の判断が全然違う。「もう伝えたんだから」ということでほったらかしにして、現場が何をしているかさっぱり分からないという状態は良くないと思うよ。幹部は「川淵さんが言っていた」という口上を安易に使うんだよね。そう言った方が楽だから。だから、そういうところも常にフォローしておかないと。

――フォローするために、どうしていますか。

川淵 僕のところには、「こういう話がありましたよ」とか、そんな話がたくさん来るんだけど、それを総合判断して――。でも、その情報も常に正しいかどうか分からない。特に悪口雑言の場合には、それを安易に受け取ることは絶対になかったな。

逆に「おまえのことを、あいつはこう言ってたよ」といったようなことも、僕は一切言ったことがない。そういう言い方をすると情報が入ってこなくなる。愚の骨頂だよ。

人の悪口を聞くと、(悪口の対象となっている) その人が全部悪いように感じてしまいがちだけど、その辺りについては、僕は割合冷静だね。間接的なところで情報を収集できるような人を、いかに数多く身辺に置いておくかということを心掛けている。とにかく、情報が一番大事だよね。

人材登用は本当に難しい。今でも答えは分からない

――組織を活性化させるには人材登用が重要です。川淵さんが考える人材登用の在り方について教えてください。

川淵　人材登用は難しいね。だいぶ失敗しているもん。あまり言えないけど（笑）

——あまり聞かないようにします（笑）

川淵　本当にいいと思う人を見つけるというのは至難の業だね。Bリーグをスタートするとき、僕が仮にチェアマンになったとしても長くやる気はなかったから、僕の跡をすぐ引き継ぐ人がいないか、十何人かの人に会ったんだよ。でもやっぱり難しかったね。人を見つけるのは本当に難しい。

バスケットボールの二つのプロリーグを統合させるためにいろいろやっていて、血圧がもう200ぐらいになって、顔を真っ赤にしてやってたときに、第2代チェアマンになった大河（正明）[※6]が来て「川淵さん、しんどそうですね」と言ってくれて。いろいろ話していたら、彼が中学、高校、大学とバスケットボールをしていたことを知った。そんなこともあって、（実際に会った十何人の候補者ではなく）大河にチェアマンをやってもらうことになったんだよね。

リーダー選びで一番難しいのは、「能吏」と「リーダー」は違うということだよな。ものすごく仕事ができて、言ったことに対してきちんと対応して、それをかみ砕いた形でちゃんと下に伝えていける能吏だとしても、リーダーになれるとは限らない。

それと、僕と会う人はみんな感じがいいんだよ（笑）。裏へ回ったらまるで変わっちゃったりするんだけど、そこまでは読めないね、はっきり言って。だから、人材を「どう見極めたらいいですか」と僕に聞かれても、答えは「分からない」だね。

普段から自分の周りでスタッフとして使って、判断力、人望、そして、きちっとした理論武装がちゃんとできているか。そういったことを見極めたうえでとりあえずやってもらって。それで駄目なら途中でま

※6　大河正明（おおかわ・まさあき）氏。三菱銀行（現・三菱UFJ銀行）、日本プロサッカーリーグ 理事、常務理事、日本バスケットボール協会 専務理事・事務総長などを経てB.LEAGUE第2代チェアマンに就任（2015年9月-20年6月）。現在はびわこ成蹊スポーツ大学学長などを務める

た代えるということになるけど……。本当に難しい。

――川淵さんが今、「誰か素晴らしいリーダーはいるか」と聞かれたら、どなたを挙げますか。

川淵 僕が直接選んだということに限っていえば、村井（満）さん[※7]が一番じゃないかな。村井さんがJリーグのチェアマンになって、それまでとはまるで違う改革をやっているからね。

――なぜ村井さんを選ぼうと思ったのですか。

川淵 Jリーグをつくるうえで、僕にとっての原点というのは、ドイツ（当時は西独）のデュイスブルクにあるスポーツ・シューレ[※8]なんだよね。そのスポーツ・シューレをモデルに、こういうものを日本につくりたいというのが最大の夢だった。

みんなそれは知っていたはずなんだけど、「ただのトレーニングセンターじゃないか」といった捉え方なんだよね。でも、村井さんはそうじゃなかった。実際に見に行って「ここに来て、川淵さんはどんなふうに感激したんだろう」「どういう思いを抱いたのだろう」と、僕の気持ちを体感しようとしてくれた。そこから僕がどういうことを思い、どういうふうにしていったか。そんな原点を確認しようとする姿勢は、やっぱりうれしいし、大切だよね。

僕ほど「理念」を頭に置いてずっと過ごしてきた男はいない

――原点を確認する、というのは、理念を大切にするということにもつながる気がします。

※7 村井満（むらい・みつる）氏。日本リクルートセンター（現・リクルートホールディングス）入社。同社執行役員、リクルートエイブリック（現・リクルート）社長、Jリーグ理事などを経て2014年1月にJリーグ第5代チェアマンに就任（～2022年3月）

※8 ドイツ各地にある「スポーツ・シューレ」と呼ばれる総合型地域スポーツクラブの一つ。1960年にサッカー日本代表だった川淵氏が訪れて感銘を受けたことが、後のJリーグの原点となった

「夢の教室」の様子（2018年5月28日、鹿嶋市立高松中学校。「夢先生」は元オリンピック競泳日本代表の宮下純一氏）。コロナ禍でオンライン開催が続いていたが、2022年度は一部で対面での教室も実施していく（写真：日本サッカー協会 ©JFA）

川淵　うん。やっぱり理念って絶対に大事なんだね。困ったとき、これからどう考えたらいいのかというとき、僕は常に理念というものを頭に置いて進んでいる。多分、僕ほど理念を頭に置いて、30年近くずっと過ごしてきた人間はいないと思う。暗記しておけって言われたって、なかなかそうしている人は少ないんじゃないの？　日本サッカー協会の理念は「サッカーを通じて――」と始まるんだよ。「サッカーを通じて豊かなスポーツ文化を創造し、人々の心身の健全な発達と社会の発展に貢献する」というのがサッカー協会の理念。これは言ってみればJリーグの二つめの理念と同じだよね。

　Jリーグの理念※9というのは三つあって、一つめはサッカーの水準

※9　Jリーグ理念
一、日本サッカーの水準向上及びサッカーの普及促進
一、豊かなスポーツ文化の振興及び国民の心身の健全な発達への寄与
一、国際社会における交流及び親善への貢献

向上と普及促進。これは当たり前の話。三つめが、国際社会における交流、親善。これも当然のこと。理念の命ともいえるのは二つめで、人々の心身の健全な発達への寄与。これは日本サッカー協会とまったく同じだね。

そう考えたときに、日本サッカー協会もJリーグも、「心」については何もやっていないのではないか、と。そこで、子どもたちにスポーツの素晴らしさを教え、夢を持つことの大切さを教えようと、2006年に「JFAこころのプロジェクト」を立ち上げ、翌年から小学校（主に5年生が対象）の正課で「夢の教室」※10を始めたんだよね。

「また川淵の趣味が始まった」なんて陰口を言う関係者もいたけど、そういう人たちは要するに理念のことなんか頭にないわけだ。理念には「心身の健全な発達への寄与」って、はっきり書かれているんだよ。これをやるのは理念に照らせば当たり前の話だよね。

「心身」のうち、体についての鍛錬や教育については、年間延べ何百万人もの子どもたちにサッカーを教えているけど、それじゃあ、心の教育、心を育てる活動を何かやっているのかといったら、やっていなかった。

――理念に基づいて、当然やるべき活動だと。

川淵　うん、そうなんだよ。これこそがスポーツ団体の一番大事なことだと僕は思っているんだよね。だから、これがなくなるようじゃ、サッカー協会もなくなるようなものだ、と。

今、僕の目標は、「夢の教室」を年間10万人の子どもたちを対象に実施すること。年間10万人というと、今の日本の年間出生数のだいたい1割の子どもに教えるということになるでしょう。このことの持つ価

※10 「JFAこころのプロジェクト」とは、サッカー界が学校教育の現場と力を合わせて子どもの心の教育に貢献していくというプロジェクト。主催は日本サッカー協会。こころのプロジェクトで行っている「夢の教室」は、様々な競技の現役選手/OB/OGなどを「夢先生」として学校へ派遣。「夢を持つことや、その夢に向かって努力することの大切さ」「仲間と協力することの大切さ」などについて、夢先生と子どもたちが語り合う授業。通常は「ゲームの時間」と「トークの時間」で構成されている（小中学校の正規授業として実施）

値というのはむちゃくちゃ高いと思っているよ。

――最後に、今、会長として取り組んでいる、日本トップリーグ連携機構※11の活動について教えてください。

川淵　日本トップリーグ連携機構は、「日本のボールゲームを強くするためには、各球技のトップリーグを強化する以外にない」ということで森（喜朗）さんと麻生（太郎）さんがつくられた。僕が２０１５年に森さんから引き継いで連携機構の会長になったとき、各協会に対して最初に言ったのが「基盤固めをしっかりやりなさい」ということ。それさえしっかりしていれば、東京五輪・パラリンピックが終わって強化予算が減っても、その後も協会がちゃんと営々と発展していくことができる。

そういうことで、僕は連携機構に加わっている協会の会長たちを全員呼んで、「やっぱりガバナンスが問題だから、僕は口出しするぞ」と。「それで文句あるやつ、ここで手を挙げろ」と言ったら、誰も手を挙げなかった（笑）。これからもやることはたくさんあるよ。

※11　日本トップリーグ連携機構（JTL）は2005年5月24日に設立。目的は、日本における団体ボール競技のトップリーグが連携し、互いのリーグの強化活動の充実と運営の活性化を図ること。現在、参加9競技12リーグが参加。森喜朗氏（元首相。公益財団法人東京オリンピック・パラリンピック競技大会組織委員会前会長）が名誉会長を、麻生太郎氏（元首相。一般社団法人バスケットボール女子日本リーグ名誉会長）が代表理事副会長を務める

（写真：鈴木愛子）

05

日本初の治療用アプリで医療をサステナブルに

CureApp 代表取締役社長、医師

佐竹晃太 氏

医師発ベンチャーとして、日本で初めて「治療用アプリ」を開発したのが、佐竹晃太氏が代表取締役社長を務めるCureApp（キュア・アップ）です。

治療用アプリとは、スマートフォンなどのアプリケーション・ソフトを活用して疾患の治療や予防、管理を行うために医師が処方するシステムのこと。新薬開発と比べて開発コストが安く、これまでの治療薬と同等の効果が見られることから、注目を集めています。佐竹氏が2014年に起業したCureAppは、ニコチン依存症治療用（2020年12月に国内で初めて発売）、高血圧症治療用（2022年4月に世界で初めて薬事承認を取得）などの治療用アプリを相次いで開発し、〝アプリを処方〟する時代を切り開いています。

（初出：2021年1月15日）

佐竹晃太（さたけ・こうた）

CureApp 代表取締役社長、医師

1982年生まれ。慶應義塾大学医学部卒業。日本赤十字社医療センターなどで臨床業務に従事し、呼吸器内科医として多くの患者の診療に携わる。2012年より中国・米国の大学院で医療や経営を学び、上海中欧国際工商学院（CEIBS）経営学修士号（MBA）および米国ジョンズホプキンス大学公衆衛生大学院公衆衛生学修士号（MPH）修了。帰国後、2014年に株式会社CureAppを創業。一方で、現在も週1回の診療を継続しつつ、日本遠隔医療学会の理事・デジタル療法分科会長および日本禁煙学会の評議員として学術活動にも積極的に従事する。同社が開発したニコチン依存症治療用アプリ（CureApp SC）は、治療用アプリの国内初の事例として、2020年8月に薬事承認、同年12月に保険適用された。

――佐竹さんは、臨床医としてのキャリアを歩みながら、中国に留学してMBAを取得されています。最初から起業しようと考えていたのですか。

佐竹　学生時代から自分で何か新しいことを始めるのが好きでした。ただし、起業しようと思っていたわけではなく、当時はただ医療業界以外の新しい世界を見てみたい、一度は海外へ出て自分の力を試してみたい、そんな気持ちだったと思います。医学部に6年、医師として5年、合わせると10年間以上どっぷり医療の世界に浸かっていましたから。

一般的な医師のキャリアは、大学を出て臨床医になり、その後は臨床を続けたり、研究に従事したり、自身で開業して経営を始めたりというものです。中には厚生労働省などで公衆衛生の分野で活躍する方もいらっしゃいますね。私はどのキャリアも20年、30年と続けていくことに違和感があって、医療以外の世界を見る機会をずっと欲していたようなところがあります。

――「治療用アプリ」※1で起業をしようと思ったきっかけを改めて聞かせてください。

佐竹　米国の留学先で医療インフォマティクスの研究に携わっていたとき、米Ｗｅｌｌｄｏｃ社が開発した糖尿病治療用アプリ「ＢｌｕｅＳｔａｒ」の論文に出合って、これを日本でもやってみたいと思いました。

自分の専門である呼吸器内科で、スマートフォン用アプリが効果を発揮できそうなテーマは何かと考えたときに、禁煙（ニコチン依存症）治療が浮かびました。たばこの引き起こす健康被害は公衆衛生上最も大きな課題の一つですので、対策ができれば社会的インパクトも大きいだろうと考えました。同時に、禁煙を皮切りに、依存症などの精神疾患、生活習慣病などにも広げていきたいという思いも当時から持っていました。

※1　Digital Therapeutics（デジタルセラピューティクス：DTx、デジタル治療とも訳される）と呼ばれる分野の一つ。スマートフォンやタブレット端末などのアプリケーション・ソフトを活用して疾患の治療や予防、管理を行うために医師が処方するシステムのこと。CureAppでは、ニコチン依存症治療用のアプリ「CureApp SC」が2020年8月に薬事承認を取得したことを受け、治療用アプリのブランドサイト（https://cureapp.com/）を立ち上げた

「起業すること」が、大きな決断だとは思わなかった

——臨床医からアプリ開発の道へ進むのは大きな決断であり、勇気が必要だったのではないですか。

佐竹　正直なところ、あまり大きな決断だとは思っていませんでした。留学して帰国すると、次に必ずしなくてはならないことがあるわけではないし、何のしがらみもないので、ゼロベースで考えることができました。

もちろん、起業してちゃんと収益が上げられるのか、薬事承認が下りるのか、などのリスクはありましたが、「やるしかない」という思いでしたので、起業するという意志が揺らぐことはなかったですね。

仮に事業が途中でうまくいかなかったとしても、アプリを患者さんに使ってもらって、依存症の患者さんが一人でも良くなるなら、それはやはり医師の本分として、これ以上にない喜びなんですよね。そう考えることができたから、たくさんのリスクがあっても始められたのだと思います。

どのスタートアップも、始めるときはリスクだらけだと思うんです。それでも、自分がやろうとしていることが社会的に価値のあることだと心の底から信じられているかどうかが、起業できるかどうかの分かれ目になる気がします。

——CureAppではニコチン依存症治療用アプリに続き、非アルコール性脂肪肝炎（NASH）治療用アプリ、高血圧症治療用アプリなどの開発※2を進めています。様々な疾患に対して、アプリは同等レベルで効果を発揮するものでしょうか？　「禁煙には成功しても断酒・減酒はうまくいかない」といった

ことが起きそうだと思いました。

佐竹　依存症に対しては、アプリによる介入が有効だというエビデンスが蓄積されています。これは効いたけど、これは効かなかったといった結果の違いが出るとしたら、一つはユーザー（患者）の心理的な依存の度合いが違うことが考えられます。

それから、認知の問題も大きいですね。たばこが好きでも本当は「体にとっては害悪だ」と思っている人は、禁煙がうまくいきやすいです。一方、お酒は体に悪いとは言いながら「付き合いも大切だから」「ストレス解消にもなるし」などと考えていて、心の奥底ではお酒を肯定している人が多い。このように心の奥底でお酒を肯定してしまっている場合、減酒はうまくいきません。その人の、その物に対する根本的な考え方は、依存症の治療において重要なポイントなんです。ですから、「生活習慣を改善すること」と「正しい考え方を身に付けること」との両輪でのア

※2　ニコチン依存症（慶應義塾大学医学部呼吸器内科との共同研究。2020年8月に薬事承認取得）、高血圧症（自治医科大学との共同研究。2022年4月に薬事承認取得）、非アルコール性脂肪肝炎（NASH）（東京大学医学部附属病院との共同研究）、アルコール依存症（久里浜医療センターとの共同研究）、がん患者支援（第一三共との共同開発）、慢性心不全（医療法人社団ゆみのとの共同研究）など、多くの医療分野での「治療用アプリ」開発を進めている。上画像は非アルコール性脂肪肝炎、下画像は高血圧症の治療用アプリの画面イメージ（資料：CureApp）

プローチが大切です。

――医師として診療で患者を救う道と、治療用アプリで患者を救う道には、どのような違いがありますか？　改めて、なぜ臨床医ではなくアプリ開発の道を選んだのか教えてください。

佐竹　5年間、医師として患者さんと接し、診断し、治療し、患者さんから感謝してもらえるという経験をしました。臨床医の仕事は本当にやりがいがあります。ただ、大きな視点で医療の持続可能性といったことを考えたとき、日々、医療費は増大していますし、今のこの医療がずっと続くようには思えませんでした。

私もそうですし、医療人の多くがそうだと思うのですが、医療を普通のサービスではなく、社会のインフラとして捉えています。そのインフラとしての医療がサステナブルなものであり続けるとは思えないと分かりながら診療していて、どこかモヤモヤとした違和感がありましたし、その違和感に手を打てないことへの歯がゆさもありました。

米国留学中に治療用アプリというビジネスシーズを見つけたとき、そういう違和感のようなものを一気に解消できると思ったんです。これは高騰する医療費や医療格差の問題へのソリューションになると一瞬で腹落ちしました。

――最近、医師が起業する例が増えていますが、佐竹さんのような問題意識を持つ医師が多いのでしょうか。

佐竹　そう思います。目の前の仕事自体はとても充実感があって、やりがいに満ちているけど、医療の全体像を見ると、このままでいいとは思えない。そういう人は少なくないはずです。医師発ベンチャーが増えているのも、いわゆるマネタイズだけではなくて、あるべき日本の医療の姿を目指すという部分も大事な要素として起業している人が多いように感じます。

日本で起業するデメリットは「特にない」

——CureAppの治療用アプリは国際競争力を持っていると思います。海外での起業という選択肢もあったかと思うのですが、なぜ日本で起業したのですか。

佐竹 米国では「BlueStar」のFDA（米食品医薬品局）承認が2011年。その後、米Pear Therapeutics社やAkili Interactive社などが参入し、治療用アプリの開発はかなり盛んになっています。既に複数のFDAの承認事例も出てきました。

日本では、2014年に従来の薬事法が医薬品医療機器等法に変わって、日本の承認のスピードも相当なものだと思います。

その理由は、（日本では）病院や研究機関や厚生労働省などの関係団体、関係者が物理的に東京一カ所に集まっているからです。ステークホルダーの理解を取り付けて支援を受けるといったことがスムーズにできます。実際、私も多くの学会や、厚労省、PMDA（独立行政法人医薬品医療機器総合機構）、医師会、保険者といった、様々な立場の方からご理解・ご支援いただくことができています。

ただ、こういったメリットを見込んでいたというよりは、「日本発」でやりたいという思いの方が先に来ていました。

――日本の役所はやることが遅いというイメージを持っていたのですが。

佐竹　昔はそうだったのかもしれませんが、最近は改善されています。当社の治療用アプリに関しては、結果的には承認プロセスに1年3カ月と、それなりに長い時間がかかりましたが、PMDAは審査する立場ではありながら、治療用アプリの可能性に共感してくださり、しっかりご対応いただきました。

――逆に、日本で起業をする際に、デメリットを感じた点はありますか。

佐竹　これといってありませんが、ファイナンスの規模は米国が上ですよね。米国ではスタートアップが100億円を超える資金調達をする例も珍しくありません。当社はこれまでに累計64億円（2022年5月時点）の資金を調達しましたが、これでも日本では大型ということになります。

治療用アプリ開発だけでなくプラットフォーム提供へ

――デジタル治療（DTx）の市場規模はどう推移するとみていますか？

佐竹　各種調査も出ていますが、数年後には世界で兆の単位の市場規模になっているのは間違いないと思います。今の日本で医薬品が約10兆円、医療機器が3兆円弱の産業です。将来は医療機器や医薬品と肩を並べる産業になると私は思っています。

――CureAppの収益目標を聞かせてください。

佐竹　具体的な数値は非公表ですが、まずは高血圧のマーケット全体（医療費）が1・9兆円なので、その中でパイを取るという意味で、数百億円規模の売り上げを、近い未来では目指していきたいと考えています。

――CureAppではいくつものアプリを連続して立ち上げていますが、なぜそのようなことが可能なのでしょうか。

佐竹　要因は二つあります。まず、高い目標を立てること。普通は創業すれば、その最初の事業を伸ばしていくものだと思いますが、私は一つのサービスで終わるのではなくて、複数のパイプライン（品目）をつくることが新しい産業をつくるという観点で大事だと創業当初から思っていました。10年後の未来には、様々な疾患に対する治療用アプリが開発され、処方されているはずだと確信していたので、まだエンジニアも片手で数えられる規模の頃から、疾患のパイプラインを増やす目標を大きく掲げていました。

次に、その目標を達成するため、チームのみんなが、今のメンバーも過去のメンバーもよく頑張ってくれたということに尽きます。会社のミッションをしっかり理解して、食らいついてくれました。自立したメンバーが集まってくれて、私としても誇りに思っているところです。会社が掲げるミッション、ビジョンに共感して、自分で考え、自分で判断する人たちに恵まれました。

――「疾患のパイプラインを増やす」という目標の先に、アプリの処方のためのプラットフォーム※3が生まれたわけですね。

佐竹　はい。今まさに当社では、治療用アプリを処方するためのプラットフォームサービスを始めたところです。今後、当社の製品に限らず様々な治療用アプリが出てくると思いますが、医師がサイトにアクセ

※3　治療用アプリの処方プラットフォーム「App Prescription Service」（APS）の画面イメージ。2020年10月23日、医療機関への提供を開始した（資料：CureApp）

スすると、そうしたアプリがそろっていて処方ができる、といったサービスにしていきます。

治療用アプリは、安全性が高く、かつ医薬品と比べて遜色のない治療効果が得られ、それでいて研究開発コストは医薬品とはケタ違いに低く抑えられます。安価で費用対効果の高い治療を提供できるので、先ほどお話をしたような医療財政の観点でみてもサステナブルな医療につながります。

「言葉よりも実行」で人は付いてくる

――医師からアプリ開発ベンチャーの経営者になって、人材集めはどのように工夫しましたか？

佐竹　私自身はコードが書けないのですが、幸い、大学の後輩の鈴木晋が医師でありながら学生時代からプログラミングをやっていたので、彼を共同創業者に迎えました。

当社の治療用アプリは、単なるソフトウエア開発とは違って、医師の思考回路を一つひとつ解きほぐしてアルゴリズム化しているところが技術的な特徴です。鈴木が加わってくれたからこそ、実現できたことだと思います。

勧誘してすぐにいい返事がもらえたわけではないですが、当社の事業が進むにつれて、意義を感じ取ってくれたようです。研究者としてのキャリアを歩むはずが、気付いたらベンチャーに入っていたなんて、彼にしたらだまされたような気分かもしれません（笑）

――何か決定打になるような言葉はありましたか？

佐竹　そういったものはありません。ベンチャーは、言葉よりも実行すべきことを実行して、その姿を見せることで人が付いてくるんじゃないかと思います。かっこいいことを言うよりも愚直にやり続ける。その方が説得力や求心力を持つんだろうと思います。

――社内では、ビジョンに関して話し合うような習慣がありますか？

佐竹　会社のバリューを話すような機会はありますね。ミッション、ビジョンは、全社会議などで私から話すことはあるので、かなり浸透しているかと思います。

――自立したメンバーを会社に招き入れるための工夫はしていますか？

佐竹　採用手法は、本当に泥臭いですよ。地道にスカウトを送り、地道に（採用候補者に）会わせてもらって勧誘して――。そういうことの積み重ねです。

――スキルはもちろん必要だと思いますが、どんな人物を採用したいと思っていますか。

佐竹　自分で考えを持って動ける人、当社のミッションに共感してプロアクティブに自分から動き出せるような人という基準で勧誘しています。個人的には、ポジティブシンキングであることを大事にしていま

（写真：鈴木愛子）

す。ベンチャーって事件ばかり起きるというか、事件しか起きないものです（笑）。それに対して常に前向きに考える姿勢が大事だと思っています。

――佐竹さんご自身も、日頃からポジティブシンキングな方だとお聞きしています。

佐竹　そうですね。会社では「なんで、いつもあんなに前向きなんだ」と思われているようです（笑）

――起業前も含め、不安で追いつめられたり、余裕なくピリピリしたりしたことはありませんか？

佐竹　ありますよ。MBA留学受験のとき、私は普通の人の何倍も時間がかかりました。英語が得意じゃないけど海外に出たいので、英語力判定テストに何度も挑戦したんです。TOEFLなんかは何十回も受けました。1回の受験料が3万円ほどで、例えばそれを50回受けるとすると

100万円単位の出費です。当時は20代ですから、食費を削って受験しました。英語ができる人は2～3回も受ければ合格する（希望の留学先の基準点に達する）ものを、毎週末、早起きして4時間テストを受けて駄目で、3万円が消えるし休日もつぶれるという、その繰り返しで……。あれはつらかったです。
10回目ぐらいで「これは絶対無理だ」と思ったんですが、諦めるべきかの葛藤を経て、意志として「受験し続ける」ということを決めました。50回受けて駄目だったら100回受けたでしょうね。最終的には何とかぎりぎりゴールの得点に達しました。でも、この経験のおかげで、勝てるか勝てないか分からないようなときに、勝ち筋が少しでもあるのなら迷わず勝ちを目指すという考え方が身に付いたかもしれません。かっこ悪いのであまり記事に書いてもらいたくないですが（笑）、新しい価値観を自分の中で醸成することができた気がしました。

起業したい気持ちがあるなら、一度やってみるべき

――最後に、起業して間もない人や起業を考えている人にメッセージをいただけますか。

佐竹　起業するとなると、自分の人生を捧げるかのようなイメージがあると思うんですが、私はそういう位置付けにはしていないんです。まず人として、ご飯が食べられて、家族がいて――。私には今、子どももいるんですが、そういうことが幸せなんです。人生の究極の目的は幸せになることで、そのことと起業の成功や失敗はまったく別物だと思っています。
だから、そうした人としての幸せという土台があったうえで、さらに人生を楽しむためのツールとして、起業というものを使いこなしてほしいなと思います。起業がうまくいったらハッピーで、うまくいかなかっ

たらアンハッピー。そういうことではなく、生きていることだとか家族だとか、そこに幸せがあって、人生をさらにエキサイティングなものにするツールとして起業があると捉えるといいんじゃないかと思います。

――特に、起業を考えている、あるいは迷っている医師に一言もらえますか。

佐竹　いわゆる医局の中でキャリアを歩むとか、医師のキャリアは臨床か研究の二択だとか、そういうマインドセットがあると思うんですが、私のようにそこから離れた立場になってみると、その考え方はただの思い込みだったなとつくづく感じます。

医師のキャリアパスが臨床、研究、行政、起業など、三つ、四つしかないように見えているかもしれませんが、本当はそうではなくて、選択肢が無数にある中のワン・オブ・ゼムが臨床だし、ワン・オブ・ゼムが研究なんですよね。

自分の医師としてのキャリアやあるべき姿をベースに考えるのではなく、一度、自分が心の底でやりたいと思っていることをベースに考えてみると、もっと柔軟にキャリアを思い描けるのかもしれません。ですから、起業したい気持ちがあるなら、ぜひ一度起業してみてはどうでしょうか、というのがメッセージになるかと思います。

（写真：鈴木愛子）

パティシエの概念を拡張
――お菓子で不動産価値も高める

06

アーシュ・ツジグチ代表、パティシエ、ショコラティエ
辻口博啓氏

辻口博啓氏は、クープ・デュ・モンドなど国内外の数々の洋菓子コンテストで優勝経験を持ち、今も現場の第一線に立つパティシエ、ショコラティエです。

様々なスタイルの菓子店を展開する辻口氏は、プロデュースシェフとしてリゾート施設（アクアイグニス）の開発に関わり、スーパースイーツ製菓専門学校や国際調理専門学校のプロデュースや運営、さらに大学の開設にも携わりました。

辻口氏は、「職人」の概念を拡張したイノベーターといえるでしょう。

（初出：2020年7月27日）

辻口博啓（つじぐち・ひろのぶ）

アーシュ・ツジグチ代表、パティシエ、ショコラティエ

1967年3月、石川県七尾市生まれ。和菓子屋「紅屋」の長男として生まれる。高校卒業後、都内のフランス菓子店で修業。現在、オーナーパティシエとして、モンサンクレール（自由が丘）などコンセプトの異なる11ブランドを展開。1990年、史上最年少（23歳）で全国洋菓子技術コンクール優勝。その後、パティスリーの世界選手権「クープ・デュ・モンド・ドゥ・ラ・パティスリー」の飴細工部門で優勝（1997年）、「サロン・デュ・ショコラ」（フランス・パリ開催）内で発表されるショコラ品評会では、2013-18年の6年連続で最高評価を獲得するなど受賞歴多数。石川県観光大使、三重県観光大使、あいちスイーツ大使、一般社団法人日本スイーツ協会代表理事、スーパースイーツ製菓専門学校学校長、金沢大学非常勤講師、産業能率大学客員教授も務め、2021年かなざわ食マネジメント専門職大学を開学、2023年教授就任予定。

――辻口さんはパティシエとして成功してから後もずっとコンテストに挑戦し、賞を受賞し続けています。それだけでなく、リゾート開発、教育事業など、常に新しいことに挑み続けています。挑戦し続けるその原動力は、どこから来るのでしょうか。

辻口　やっぱり、お菓子づくりという仕事そのものが楽しい、ということですね。

もちろん、やれること・やれないことはあるわけですが、僕は、「これはやれる」と思ったら、その「やれる」ということに関してはとことん命懸けで頑張るというシンプルな考え方で生きています。

クオリティの差＝クリエーティブな部分にかける時間の差

――辻口さんは、お菓子づくりの現場に立ち続けながら、様々なスタイルの店舗を展開し、事業そのものを大きくしてきました。お菓子職人的な部分とマネジャー的な部分は、どう両立させているのですか。

辻口　お菓子づくりというのは、奥行き75㎝、幅1m80㎝のテーブルの上で、水とか粉とか卵とか、液状のもの、粉もの、まったく形のないものから形に仕上げていくという一連の流れがあるわけです。

ところが、同じ大きさのスペースを与えられている人間が、8時間なら8時間という同じ時間をかけてつくり上げているにもかかわらず、お菓子のクオリティ、飴細工やチョコレート細工の美しさには、人によって限りなく大きな差が出るわけです。このことは、修業時代、18歳の頃から厨房に立って来た中で学ぶことができました。クリエーティブな部分にかける時間の差が、クオリティの差となって現れきているのだ、と。

では、チームのマネジメントを考えたとき、僕はそこでどう動くべきか。僕の前にあるテーブルは僕だけのエリアですが、同じ厨房の空間には、ほかにもテーブルを持っている人たちがいる。一つのチームですよね。このチームをうまく走らせようと思ったとき、どうすべきか。

僕は時間を有効に使うためのコミュニケーションを考えました。自分が何か取りにいくときに、ほかのテーブルにいる人に「今、材料庫へ行くけど何か要るものある？」って声をかければ、その人は動かなくて済むんです。ところがこのときに、何のコミュニケーションもなく、自分の欲しい物だけを取りにいってしまったら、5人のチームだったら5人ともが、無駄な動きをすることになるわけです。

僕が動いたときに5人分の何かを取ってくれれば、動くのは僕一人で済む。誰かが何かを取りにいくのであれば、「ついでにあれを持ってきて」と頼めば自分は動かなくて済む。そんなふうに無駄を減らすことによって、仕事のクリエーティブな部分にかける時間を増やしていくことができるんです。

そういった小さなことを積み重ねて、マネジメントというものが回りだし、お菓子づくりが事業として大きくなっていった。そういうことなんだと思います。

利用されるだけの人生はつまらない

――タイムマネジメント的な考え方を取り入れて効率的にお菓子づくりの品質を高めていったわけですね。不動産事業にも関心を持つようになったのは、何かきっかけがあったのですか。

辻口　「不動産に直接関わりながら事業を大きくしていく」ということを意識した決定的な出来事は、六本木ヒルズをつくった森稔さん（当時の森ビル社長）に頼まれた（料理評論家の）山本益博さんが、誘致のための交渉役としてワイズテーブルコーポレーションさんと僕との仲を取り持ってくれて、僕の店（ル

ショコラ ドゥ アッシュ）を六本木ヒルズのけやき坂通りに出したことですね。10年間の定期借家を終えて、今、店は銀座に移りましたけど、僕はあのとき、何百万円という家賃を毎月六本木ヒルズに払っていたわけです。毎回そのお金を払うたびに、「いやぁ、儲かってるなあ」って思っていました。僕じゃなくてヒルズが（笑）

そして、非常に優れた料理人やパティシエ、ブーランジェ（パン職人）をエリアに入れ込むことによって、六本木ヒルズの不動産価値が上がり、森ビル自体の企業価値も上がっていった。これって、いい意味で僕たちは利用されていたわけですよね。

でも、利用されるだけの人生っていうのはつまんないな、とも思うようになってきた。大好きな仕事であるプレーヤーとしてのパティシエというエリアから、プラスアルファで（入居テナントとしてではなく）自分でも不動産価値を高めるような事業体をつくっていきたいということを、おぼろげに感じ始めたんです。

考えてみれば、お菓子をつくって売っていくうえでは、どうしたって不動産が必要です。当然厨房エリアは必要、ストレスなく駐車場に入れるようなエリアも必要だし、倉庫も必要だし、ラボも必要。売り場やカフェのスペースも必要です。付加価値としてのランドスケープも必要です。不動産とは非常に近いところで僕自身の事業体をつくってきたわけです。最初は不動産事業を直接やろうとは思いませんでしたが、いくつかデベロッパーの開発案件に出店してみて、やっぱり不動産事業もうまくミックスさせながら一つの事業を組み立てるという、そういう時代に来ているんじゃないかなと、思うようになってきたんですね。

それで今度、僕がプロデュースシェフを務めている三重県（菰野町）のリゾート、アクアイグニスでは、その横に約5000坪の土地を購入して、湯の山「素粋居」を開発、2020年7月10日にオープンしました。12棟のヴィラと、3店舗の美食レストランを備えた商業施設を整備しました。もともとアクアイグニスにヴィラはあるんですけど、稼働率は90％以上です。なので、12棟ほど追加して、オーベルジュのような食とヴィラの連携という要素を持ったエリアをつくり上げました。

テクノロジーを使いこなせるパティシエが必要

――不動産だけでなく、教育についても新しいプロジェクトを進めています。

辻口　石川県の白山市で、「かなざわ食マネジメント専門職大学」という大学をつくっています（2021年4月開学）。

料理人にしてもパティシエにしても、マネジメントや、SNSを使ったマーケティングやEC（電子商取引）、そしてリクルーティングといった、事業運営に必要なことがあまり分かっていない人が多い。お菓子づくりのノウハウは専門学校で学び、その後、大学4年間で食のビジネスというものを学んでいく。料理やお菓子づくりを志す人は、そういうことを真剣に考えていく時代になってきたと思うんですね。

おいしいものをつくる技術だけではなく、ちゃんとした生活基盤を整えられる力も養成しなくてはなりません。そうじゃないと、IT業界にみんな人材が流れて行ってしまう。当然、儲かるところに皆さんロマンを求めて行くわけですから。このままだと我々の業界は、どんどんどんどんシュリンクしていってしまう。それこそコンビニスイーツにすら負けちゃうんじゃないかな、と思いますよ。だからこそ、この大学の存在というのは、これから外食産業の発展を考えるうえにおいても、あるいは一つのパティスリーを経営するにしても、非常に重要になってくるのではないかなと思っています。

辻口氏がパティシエとして初めて立ち上げた総合パティスリー「モンサンクレール」（東京・自由が丘）にて（写真：鈴木愛子）

――料理に関するテクノロジーもどんどん進化していますね。経営面を考えれば、当然、取り入れていかなくてはなりません。

辻口　例えば、パソコンで様々なデザインのデータをつくり上げて、そのデータに基づいて水でカットするウオータージェットカッターというマシンがあります。カットする形をプログラミングすることによって、非常に繊細な蝶々のような形に、ムースなどが切られていく。これまでは鉄の型を一個一個製作していって、それに50万、60万円といったコストがかかっていたのですが、そういう時代ではなくなりつつあります。

だからもう普通にお菓子をつくれるだけでは、これからはパティシエをやっていけなくなる。もっとテクノロジーを使いこなせるパティシエが必要になってきます。

――ただ、そうなってくると逆にIT分野

※1　2014年のサロン・デュ・ショコラで金賞を受賞した「C.C.C. DNA CHOCOLAT」。原料に昆布を使用して「日本人の感じる郷愁性」を表現（写真提供：アーシュ・ツジグチ）

から職人の領域に進出してくるケースが出てくるかもしれません。極論すると、いわゆるGAFA（Google・Amazon・Facebook・Apple）のような企業が、お菓子という世界に影響を及ぼす、ということも考えられそうです。

辻口　当然それはあると思うんですけど、むしろ彼らと組むこともできると思っています。お菓子をつくってネットで売りますというだけではやっぱり芸がないですよね。それよりも、例えば、世界中のパティシエと連動してスイーツのZOZOTOWNみたいな、そういうものも一緒につくってしまう。そんなことができないかと考えているところです。そのときには、農業とも連動していきたいと思っています。世界中の農業と、世界中の職人が連動した、そういうプラットフォームをつくっていきたいですね。

何で農業かというと、やっぱりストーリーを描けるからなんです。近く、ペルーでオーガニックのカカオ農園を買うのですが、Farm to Bar（農園からチョコレートづくりまでの全工程を一貫して手掛けること）を進めていきたいと思ったことが動機でした（2020年6月、取得した自社農園のカカオによるショコラの販売を開始）。自分のところでちゃんと責任を持ってつくった材料を使って「このショコラはこうだよ」という思いを込めた物語に乗せて売っていきたいと思ったんですね。

物語というのは、例えば2014年のサロン・デュ・ショコラ（フランス・パリで開催）で金賞を受賞した「C・C・C・DNA CHOCOLAT」※1は、郷愁性を誘うショコラというテーマでつくりました。マヤ文明の頃、6000年以上も前からずっとカカオを食べてきた人類には、カカオをおいしいと思う、そういうDNAがあると思います。さらにそれよりも身近で感じる「郷愁性」は何かと考えたとき、僕は母乳だと思ったんです。子どもがこの世に生を受けて一番最初に口にするのが母乳ですからね。

でも、母乳でガナッシュショコラをつくるわけにはいきません。そこで母乳の成分に近いものがこの地球上にあるに違いないということで、調べてみたら、最も近いのが昆布だったんです。昆布の持つグルタミン酸というアミノ酸が、母乳の成分に最も近い。しかもなおかつ、昆布というのは、日本の出汁（だし）じゃないですか。そういう意味において、昆布の成分というのは、特に日本人の郷愁を誘うに違いないというロジックの中で、僕のボンボンショコラを昆布でつくっていったんです。

このとき、ミシュラン三つ星を取った和食店の門脇（俊哉）さんに、「昆布で一番おいしい、スイーツと合う昆布って何だと思いますか？」と伺ったところ、真昆布だと教えていただいたんです。「60度以上に加熱すると、真昆布はえぐみが出て臭くなって、多分、とてもじゃないけどスイーツには合わない」というアドバイスもいただきました。そこで僕は、「だったら水出しコーヒーのように、真昆布を水で出したら、もっとクリアでおいしい出汁が取れるに違いない」と思って、富士山の軟水で北海道の真昆布を一夜漬けにしてみたんですね。そうしたら、次の日の朝、出汁が出てジュレみたいになっていたんです。これを使ってボンボンショコラをつくりました。

そういったことを繰り返しながら、僕の中での味覚の発想というのは、やっぱり物語、ストーリーを語れる食材でなければいけないと改めて思いました。

「お菓子のまち」を、そして「甘い地球」をつくりたい

――辻口さんが自分で選び抜いた素材を使って、自分でお菓子として仕上げていくわけですね。

辻口　そうですね。そして、その考え方は、お菓子をつくるということだけにとどまらず、一つのまちをつくっていくということにもつながっていきます。

今、僕たちは三重県多気町に35万坪ぐらい土地を買って、そこに食や癒やし、知をテーマにした複合施設「ＶＩＳＯＮ（ヴィソン）」を開発しています。伊勢自動車道の伊勢方面からスマートインターチェンジ（多気ヴィソンスマートインターチェンジ）と直結した食と健康の複合施設です（２０２１年７月グランドオープン）※2。このインターチェンジは、全国初認可の民間施設と直結したスマートインターチェンジです。多気町長と話をして、「土地を買わせてください。その代わり、（国などに働きかけて）サービスエリアにする最大限の努力をしてください」ということでスタートした、地方の土地に付加価値を付けていくプロジェクトです。

僕としては、ここでは大好きなお菓子づくりをしっかりと安定的に表現していくことが非常に重要だと思っています。そして、優れたコンテンツを一緒に展開していこうとしている人たちを集める。僕自身が使ってみたいなと思える素材をつくる人たちに来てもらっています。みりん、醤油、酒、味噌といった発酵をテーマに、日本の食文化をぎゅっと凝縮した場所をつくっていきます。

※2 VISON（ヴィソン）全景イメージ（写真：三重故郷創生プロジェクト）。三重県多気町の依頼により構想がスタートした、商業、宿泊、温浴、体験、産直市場、農園などで構成される複合リゾート施設（2021年7月グランドオープン、公式サイト：https://vison.jp/）。敷地面積：約119万m^2、開発面積：約54万m^2、店舗数：73店舗（開業時）。事業体はヴィソン多気（事業者：アクアイグニス、イオンタウン、ファーストブラザーズ、ロート製薬）。総事業費約200億円。名古屋から車で約1時間30分、伊勢神宮まで約20分。伊勢自動車道と紀勢自動車道が交わる勢和多気JCTから約1分、伊勢方面からはスマートインターチェンジにより直結している。多気町は2017年1月に、美食の街として世界的に知られるスペイン・サンセバスチャン市と「美食を通じた友好の証」を締結。同市の人気バルが3店、ヴィソンに進出することも話題となっている。宿泊施設はアクアイグニス多気ホテルアセット（H.I.S.ホテルホールディングスと住友林業による合弁会社）が保有する。

——まちづくりにおいても、辻口さんの発想は、そうやってお菓子をつくることに戻っていくんですね。

辻口　そうなんですよ。結局、まちをつくって不動産収入源も組み込むことでサステナブルな経営ができ、さらに面白いことができると思っているんです。将来は、本当にお菓子のまちをつくりたいんですよ。

もっと言うと、甘い地球をつくりたい。これはネット上でつくりたいなと思ってるんですが——。

人生を懸けて、ありとあらゆることをやる

——すべてが「お菓子をつくる」ということにつながっているわけですね。最後に、辻口さんから、新規事業を立ち上げようとしている人た

ちへの応援メッセージをいただけないでしょうか。

辻口　僕自身について言えば、お菓子づくりを極めていくという経験、そのプロセスそのものが、事業を広げていくときにものすごく役に立ちました。形のないものを形にしていくこと、ゼロからイチを生み出すことって、これはもしかしたら一つのビジネスモデルをつくるのと同じことなんじゃないか。そんなふうに思っています。

まず、自分が「これだ」「人生を懸けてこれをやれるんだ」というものを早く見つけるということ。そして、それを見つけたら、やっぱり10年間はもう24時間、とにかく浸かっていれば絶対に世界は見えてくると思います。若い頃の私は、デートといえばお菓子屋さんばかりなので、何人もの女性に振られました。「つまらない」って。お菓子屋さんに行って経営者と2、3時間ずっと話をしていて、横に彼女がずっと座ってる（笑）。振られても仕方ないですよね。

――多大な犠牲を払ってきたわけですね（笑）

辻口　それはもう、自分が「これだ」と思う仕事に就けば、ありとあらゆることをやりますよね。そのぐらいの気持ちで10年やれば、絶対に何かが見えてくると思います。

（写真：SkyDrive）

日本発「空飛ぶクルマ」実現へ

07

SkyDrive代表取締役CEO

福澤知浩氏

ＳｋｙＤｒｉｖｅ代表取締役ＣＥＯの福澤知浩氏は、２０２５年度の事業開始を目指して「空飛ぶクルマ」の開発に取り組んでいます。有志団体の活動からスタートしたプロジェクトは、多くの賛同と投資を集め、２０２０年８月には公開有人飛行に成功。２０２５年に開催される大阪・関西万博での実装を公表するなど、実現に向けて着々と計画を進めています。

同社は、日本では数少ない〝ものづくりスタートアップ〟であることでも注目を集めています。なぜ「空飛ぶクルマ」をつくり、これからどのように普及させていくのか。そこからモビリティの未来が見えてきます。

（初出：２０２１年７月26日）

福澤知浩（ふくざわ・ともひろ）
SkyDrive代表取締役CEO
東京大学工学部卒業。2010年4月にトヨタ自動車に入社し、自動車部品のグローバル調達に従事。同時に多くの現場でトヨタ生産方式を用いたカイゼンを行い、原価改善賞受賞。トヨタ在籍中の2014年に有志団体CARTIVATOR（現・一般社団法人 Dream-On Management）に参画し、共同代表に。2017年に独立し、製造業の経営コンサルティング会社、福澤商店を設立。20社以上の経営改善を実施した。2018年にSkyDriveを創業、代表に就任。

――福澤さんが空飛ぶクルマの開発に取り組んだきっかけは何だったのですか。

福澤　もともとは、自動車・航空業界、スタートアップ関係の若手による有志団体CARTIVATOR（現・一般社団法人Dream-On Management）の活動がきっかけですね。CARTIVATORの発足は2012年ですが、2014年頃に「自分たちの手で、何かものづくりをやりたいね」ということで活動を本格化させることになって、いくつかアイデアを持ち寄った中から空飛ぶクルマに取り組むことになりました。その中で、みんなが一番ワクワクできる、自分たちでつくりたいと思えたのが、空飛ぶクルマだったんです。

最初のうちは週末の土日だけ有志が集まって開発を続けていたのですが、あるとき「このままだと（目標の）2020年のデモフライト※1に間に合わない」ということで、開発のスピードを上げるため2018年にSkyDriveを設立しました。それに、空飛ぶクルマのようなエアモビリティを実用化するには、エンターテインメント的な新しさや楽しさだけでなく、具体的なビジネスモデルや社会的なインパクトも考えていかなければいけません。モビリティの新しい時代をつくるぐらいの意気込みが必要だということで、開発の主体を会社組織に移行したわけです。

――土日だけの開発だと、やはり時間的にかなりの制約があったでしょうね。

福澤　そうですね。今の（会社組織による開発の）スピード感に比べると、主観的には100分の1、1000分の1という進み方でした。

――SkyDriveでは、2025年度中に空飛ぶクルマの事業を開始するという目標を立てていま

※1 2020年8月に公開有人デモフライトを実施。写真の機体は「有人機 SD-03」。飛行時間は約4分間だった（写真：SkyDrive）

すが、ロードマップはどうなっていますか。

福澤　まず2025年までは機体を開発して、当局の認証を受けるための作業を進めていきます。認証については、実際の事業で利用する以上、欧州エアバスや米ボーイングなど大手航空機事業者の旅客機と同じ枠組みの認証を取得して、同等の安全性が担保されなければなりません。2025年度中にビジネスとしてローンチして以降も、そこからさらに機体の改善を続けていくことになります。

――空飛ぶクルマのような短中距離用の有人小型航空機は、世界中で開発の機運が高まっています。その中でSkyDriveがどうやって勝ち残っていくのか、どうやってリードしていくのかを教えてください。

福澤　空飛ぶクルマの開発プロジェクトは、現時点で世界中に400ほどあります。しかし、実際に機体の安全性について当局の認証を受けるところまでたどり着けるプロジェクトは、10もないでしょう。

ですから、まずは確実に認証を取得して事業を開始することが、勝ち残りの必要条件となります。そこから先は、日本ならではのものづくりの細やかさを生かして、顧客の要求に応えられるような快適さ、コンパクトさを追求していきます。

――空飛ぶクルマの実用化は、世界にどのようなインパクトをもたらすでしょうか。従来の旅客機やヘリコプターとすみ分けしながら、空の移動手段のある一部を担うことになるのか。それとも、地上を走るクルマを含めて、モビリティ全体の在り方を大きく変えるものになるのでしょうか。

福澤　長期的には、すべての人たちが空飛ぶクルマ、すなわちエアモビリティを使って移動することが当たり前になると期待しています。ただし、「すべての人たち」がそうなるタイミングは少し先です。ひょっとしたら、30年後、50年後になるかもしれません。

事故の発生件数は、自動車より少なくなるはず

――自動運転車の開発は加速し、高度なレベル4や5の実用化も近い将来急激に普及していきそうです。空飛ぶクルマも、我々の予測を超えるような短期間で実用化する可能性があるでしょうか。

福澤　自動運転の実用化について言えば、（私のような）自動車業界の人間から見ると、思ったより遅かったですね。自動車メーカー各社は自動運転の実用化に向けて、以前からかなりアグレッシブな目標を立てていました。その目標に比べると（自動運転機能を持つ市販車の登場は）やや遅いぐらいでしたから。

――自動運転で実用化のネックになっていたのは技術面ですか、それとも法律などの制度面でしょうか。

福澤　結局、世の中の人たちの認識・感情を含めた社会情勢だと思います。多くの人たちが「これでいい」と思えればそれでいけますし、駄目ということになれば、より厳しい法律や規制をクリアする必要が出てきます。それは、自動運転のレベルによっても異なります。一定の条件下での自動運転であるレベル4ならば、現状でもある程度は受け入れられていると思います。しかし、条件なしですべての操作を自動化するレベル5は、まだ厳しいかもしれません。

結局、「どこまでの安全性を求めるか」という世の中の合意形成によって話は変わってきます。人間が運転するクルマと同じ事故発生率を許容するのであれば、自動運転の普及は早いと思います。人が運転していても、同じように事故は起きるわけですから。しかし、「それは許されない、自動運転になったら事故は減るべきだ」という認識が一般的であれば技術開発は大変です。

――空飛ぶクルマについても、最初のうちは「クルマが空を飛ぶのは、ちょっと怖いな」と感情的に反発されるかもしれませんね。

福澤　空飛ぶクルマについてのネットニュースのコメント欄を見ていると、全員がそうではありませんが、確かにそういう意見が書き込まれていますね。

――空飛ぶクルマが普及していったとき、事故発生率は地上を走るクルマと比べてどのようになると予想していますか。

福澤　ものにぶつかるかどうかという観点でいくと、空にはものがありませんから飛行中の事故発生率はほぼゼロになります。ただ、地上を走るクルマは何かあったらその場に停車できますが、空飛ぶクルマが空中で停止すると落下してしまいます。その意味では安全確保の難易度は上がります。

そもそも空飛ぶクルマの安全性はエアバスやボーイングの旅客機と同じカテゴリーの安全基準で評価されますし、地上を走るクルマにはクルマの安全基準があります。ですから単純な比較は難しいのですが、同じ機体／車体数当たりの事故の発生件数で比べると、空飛ぶクルマの方が少なくなるはずです。

——空飛ぶクルマには、空を飛ぶだけでなく地上の道路を走ることができるタイプも存在します。その際の安全基準や操縦者の免許はどうなるのですか。

福澤　ＳｋｙＤｒｉｖｅの空飛ぶクルマは、まず、空を飛ぶことを目標としていますから、当初は航空機カテゴリーの安全基準を満たすことを目指しています。道路を走るタイプの開発はその後になりますが、その際は、航空機とクルマの安全基準を両方満たす必要が出てくると思います。操縦者の免許については、恐らく現在のヘリコプターの免許がベースになると考えて、それを議論する官民の協議会にＳｋｙＤｒｉｖｅからもいろいろ提案しているところです。事故が発生したときの保険制度についても、大手損保会社と非公式に情報交換しています。

——そうしたことをきちんと説明していけば、不安に思っている人たちにも理解してもらえそうですね。

福澤　理解はしてもらえると思います。しかし、心の底から納得してもらえるかどうかについては、まだ正直分かりません。

インタビューはオンラインで実施した（インタビュー中の画面より）

投資家には客観的で公平なデータを提示

――SkyDriveは日本のベンチャーとしてはかなりの多額の累計51億円という資金を調達しています。投資家にはどのような働きかけ、アプローチをしたのですか。

福澤　財務の健全性を説明したうえで、事業の将来性やビジョンをプレゼンしました。

――その際、特に気を付けたことがありますか。

福澤　投資家には、客観的で公平な情報をインプットするように心掛けました。空飛ぶクルマはまったく新しい分野ですし、もともとこの分野に詳しい投資家はいません。そこに資金調達で有利になるように楽観的で偏った情報だけを提示したら、投資家は後から「だまされた」「裏切られた」と感じるかもしれません。できるだけ、一般的で公平な情報を中心に提示して、理解してもらえるように努力しました。

――資金の調達先である投資家には、投資ファンドだけでなく事業会社も含まれています。彼らはSkyDriveに何を期待しているのでしょうか。

福澤 投資ファンドの期待は、もちろん事業の成長によるリターンの獲得です。事業会社は、自社のビジネスとSkyDriveのビジネスを掛け合わせることで、新たなビジネスチャンスを得たいと考えているところが多いです。投資してくださる方々の期待に応えられるよう技術と事業の開発を推進していきます。

移動についての格差や困難をなくしたい

――いろいろと夢が膨らむ空飛ぶクルマですが、福澤さんご自身は空飛ぶクルマによってどのようなビジネスを展開したい、あるいは社会をつくりたいと考えていますか。

福澤 移動についての格差や困難をなくしたいですね。例えば、情報革命によって情報を取得する際の格差はほぼ解消されつつあります。数日遅れで新聞が届くような田舎であっても、ネット経由でほぼリアルタイムの情報を得ることができるようになっていますよね。ところが、遠距離移動の手段については、道路を自動車で走るか、鉄道を使うか、という二択しかありません。今はインフラに縛られているわけです。空飛ぶクルマが実用化すれば、道路や鉄道がない山間部であっても、離発着場さえあれば自由に遠距離移動できるようになります。固定電話のケーブル設備がない住宅やオフィスでも、近くに基地局さえあれば携帯電話が使えるのと同じイメージです。現在の〝移動の格差〟は、アスファルトありき、線路ありきだから起きるんです。

それに、都会の道路でクルマを運転すると、信号などもありますから平均速度はせいぜい時速30㎞です。空飛ぶクルマが実用化すればよりスムーズに移動できますから、今よりも行きたいところに行けるし、会いたい人にも会えるようになります。全自動化すれば、さらに便利になるでしょう。

――過疎地などでの移動の地域間格差に悩む自治体からは、空飛ぶクルマを利用して何かやりたいという話が出てきそうです。

福澤　そうですね。スーパーシティ構想の中で、空飛ぶクルマで何かできないかといった話はいただいています。

物理的にあり得るものは、いつか必ず達成できる

――企業でものづくりに取り組んでいる人たち、あるいはものづくりのベンチャーを起業して独立しようとしている人たちに向けて、何かメッセージやアドバイスをお願いします。

福澤　最初に「空飛ぶクルマをつくります」と言ったとき、周りからは「難しいでしょう」と何回も言われました。確かに難しいといえば難しいのですが、理屈から言えば、モーターを回転させて、そのモーターの先につながってプロペラを回して機体を空に浮かべるという物理的には普通の話です。物理的にあり得る話であれば、あとは収益モデルをきちんと構築して、技術開発を進めていけばいい。ドラえもんに登場する道具で言えば、タケコプターは物理的な裏付けがあるからいつか実現できるけれど、裏付けのないどこでもドアは実現できないという話です。

努力の方向が見えていれば、マラソンと同じように必ずゴールがあります。いろんな人たちから応援をいただければ、必ず達成できます。そういう取り組みをみんながあちこちでやっていけば、世界はもっと良くなっていくと信じています。

（写真：加藤康）

08

「編集」の方法論で各界に影響を与え続ける

松岡正剛氏
編集工学者、編集工学研究所所長、イシス編集学校校長

「編集工学」を提唱し、「編集」というイノベーションの方法論を研究・実践する松岡正剛氏。1971年に創刊した雑誌「遊」は、扱うジャンルの幅広さ、誌面デザインの斬新さから、日本の多くのクリエーターに影響を与え、〝伝説の雑誌〟とも呼ばれています。

松岡氏が企画して丸善・丸の内本店の一角に出現させた書店「松丸本舗」（2009年10月-2012年9月）は、独自のテーマに沿った本のディスプレーなどによって、これまでにない本と読者とのコミュニケーションの場を創出。書店空間にイノベーションをもたらしました。そして、2020年11月6日にグランドオープンを迎えた角川武蔵野ミュージアム（埼玉県所沢市）。松岡氏が館長を務めるこのミュージアムでは、従来型の図書館と博物館と美術館を融合するような新しい空間を「編集」によって生み出しました。

（初出：2020年11月9日）

松岡正剛（まつおか・せいごう）

編集工学者、編集工学研究所所長、イシス編集学校校長

1944年、京都市生まれ。1971年に総合雑誌「遊」を創刊。1987年に編集工学研究所を設立。人類のあらゆる営みに潜む「編集」の仕組みを明らかにし、新たな価値を生み出す技術「編集工学」を提唱。2000年にはウェブ上で「イシス編集学校」とブックナビゲーション「千夜千冊」をスタート。そのほか、文化創発の場として精力的に私塾やサロンを主宰。また、独自の方法論による日本文化の読み解きにも定評がある。著書に『知の編集術』（講談社現代新書）、『花鳥風月の科学』（中公文庫）、『日本流』（ちくま学芸文庫）、『日本という方法』（角川ソフィア文庫）など多数。東京大学客員教授、帝塚山学院大学教授などを歴任。

――ものごとの「新結合」によって新しい価値を生み出すことをイノベーションと呼ぶわけですが、新しい結合は「編集」という行為によって生み出されるともいえるでしょう。松岡さんは長年にわたって、イノベーションの源泉ともいえる「編集」に関する様々な仕事をしてきましたが、特に編集によって生み出される「本」というメディアに対しては、松岡さんのこだわりを感じます。

松岡　神話、文芸、絵画、舞台、あるいは映画、マンガ、ゲーム、ＳＮＳ――。何をメディアの起源とするかについてはいろいろな捉え方がありますが、メディアというものは、かなり古代から「本」「書物」という格好をとっていました。神話も歴史も恋愛も戦争も、ともかく何でも本になった。例えばカエサルの『ガリア戦記』のような戦争物も、ヘロドトスのような歴史物も、日本古来の『古事記』や『日本書紀』も書物として伝わってきた。これは何だろう、というのが、もともとの私のスタートなんですね。

――そして、本には「編集」という行為が必ず関わってきます。

松岡　もともと「思いを綴る」という行為が編集です。そのうえで、取材をする、写真を撮る、ライターが書く、見出しを付ける、タイトリングをする。そしてこれらを昔は書写していたわけですが、印刷する。さらにウェブに載せる、音声にする、映像番組にする――などが加わっていった。これらは全部エディティング（編集）です。一方、すべての自治体や国や組織の出来事は、文書化（ドキュメント化）を必要としてきました。戦争も医療も、ね。となると、恐らく人と社会との関係の中に、エディティングという手法が、文明のどこかに以前からずっとあったんだろうと考えられるわけです。

言葉だけではありません。知覚の発露はすべて編集的です。アルタミラ洞窟のような絵にしたり、楽譜のようにメロディやリズムを刻んだり、そのほかいろいろな形で一種のドローイングをしたりしていた。

つまり、ノーテーション（ノートをとる）みたいなことを人はずっとやっていたんだと思います。そして、それを人に見せたり聞かせたりするという目的を持ったときに、それは単なるつぶやきではなく、日記でもなく、メディア・エディティングというものに切り替わっていった。

やがて社会の中で、非常にプライベートなものとパブリックなものとが編集によって結び付いていく。今の分かりやすい例でいえば、川淵（三郎）※1さんがJリーグを通じて進めていったスポーツと地域の融合も、そういうことですよね。その後、早くに亡くなってしまいましたが、僕の友人でもあった平尾（誠二）※2君の目指した地域スポーツクラブの考え方もそうでした。

――本だけでなく、「編集」という行為は、新しい結合を促す手法として社会の中で活用されているわけですね。

松岡　そもそも、ルネサンス時代、桃山時代といった、各時代、各国、各民族が、それぞれ編集を行い、イノベーションを起こして何かを生み出し、世に広げていった。ルネサンスの大聖堂や図書館や広場、桃山の城郭や障壁画や茶の湯がそういうものでした。なぜそうなるのか。そこに潜んでいる特徴を取り出したいというときに、それに特化した「編集」という手法が存在していたわけです。

本の組み合わせが、ひらめきを生む

――編集という行為と、本というメディアが、人類に大きな影響を与えてきた、と。

松岡　それを「エディティング」と考えなくても、スペシャル・マッチングであるとか、新しい組み合わ

※1　日本プロサッカーリーグ（Jリーグ）初代チェアマン。詳しくはP.51参照

※2　ラグビーの元日本代表選手、元日本代表監督。同志社大学、神戸製鋼などで活躍し、国内のラグビー人気を牽引した。NPO法人スポーツ・コミュニティ・アンド・インテリジェンス機構（SCIX）を創設、スポーツと地域社会の振興に取り組んだ。2016年10月没（53歳）

せというふうに考えてもいいのですが、いずれにせよそこには必ず「本」が残っていった。シャネルでも、織田信長でも、ナポレオンの遠征でもスペースシャトルの試みでも、なんでも本になって残っていくわけです。

それを逆に考えると、今、世の中に出ている本について、ある格別の組み合わせをすれば、そこにありとあらゆるアソシエーション（連想）、組み合わせ、マッチングというものが生まれてくるはずです。例えば、漱石の『私の個人主義』を、ヴァレリーや福田恆存やウンベルト・エーコや村田沙耶香の本と共に並べてみると、そこにまったく新しい文脈が誕生するわけです。

今日に至るまで（人類の知の源泉として）様々な「本」が出現してきました。そんな「本」の微妙で大胆な組み合わせというものは必ずや、新しい発想や企画を秘めているはずなのです。だとすれば、面白い本の並べ方をしてみれば、そしてそこが書店であれば、あるいは図書館であれば、そこでは何か別の発想と共に、ひらめきも、あるいは、コミュニケーションも起こるでしょう。

ただ、本の世界では長らく図書分類という、欧米を含めて図書館がずっと構築してきた、アルファベティカルなものと、十進分類法という二つを組み合わせてつくり上げてきた古い伝統があります。それはそれで学術的には検索しやすいものではありますが、今はもっと複雑系の社会に向かっているため、従来の本の分類方法では、到底、間に合わなくなってきています。そこで僕は松丸本舗※3では十進分類法に捉われない本棚をつくり、近畿大学の図書館※4や角川武蔵野ミュージアムでは独自の分類法で本をまとめていきました。

※3　書店大手の丸善とのコラボレーション。丸善・丸の内本店内の一角に、2009年10月から3年間開業。独自の選書、ディスプレー、棚のデザイン、店内でのワークショップなどのイベントが人気を博し、大型書店ともオンライン書店とも違う書店の在り方を示した
※4　近畿大学東大阪キャンパスの「BIBLIOTHEATER（ビブリオシアター）」。松岡氏監修の下、マンガ約2万2000冊を含む約7万冊の書籍を独自の図書分類「近大 INDEX」で配架する

連想を喚起し、心に何かを残す

――2020年11月6日にグランドオープンを迎えた角川武蔵野ミュージアム※5では館長を務めますね。

松岡　KADOKAWAが埼玉県所沢市の下水処理場跡地に物流拠点などを開発するに際して、その一角に文化施設をつくることになったんですね。そこには既存の図書館と博物館と美術館の3館を融合するような、日本にないものをつくりたいということで、当初から僕も参画していました。建築設計は隈研吾さんに依頼して、中身は（博物学者、小説家の）荒俣宏さんや僕がつくっていく。僕には最初は図書館をということだったんですが、最終的に（全体を）「松岡にまとめてもらおう」ということになりました。

――ミュージアムの中の「エディットタウン」※6では独自の九つの分類で本を並べています。これは、どんなものですか。

松岡　従来の十進分類をぶっ壊すという意味もあり、九つの大きな〝分類〟を設定して、「遺伝子やオスとメスの進化や昆虫の本を追っていくと王朝の古典や恋愛本にたどり着く」といったようなコースをつくったんです。男と女と生物学と恋愛小説とラノベって「結局同じでしょ」ということです。そんな発想の〝分類〟を九つ、エディットタウンに入れ込んでいます。

――「想像力とアニマに遊ぶミュージアム」というキャッチフレーズにはどのような思いが込められていますか。

※5　角川武蔵野ミュージアムの外観（写真上）。設計は隈研吾氏。竹、木、石、ガラスなど様々な素材を操る隈氏の建築の中で、このミュージアムについて氏は「石の建築の集大成」と語っている
※6　角川武蔵野ミュージアム内のエディットタウン（写真下）。本とそれにまつわる知的情報と付加情報を独自分類し、「記憶の森へ」「日本の正体」「男と女のあいだ」などと名付けた9ブロック（書区）の“街”を形成する
（写真：2点とも日経BP 総合研究所）

松岡　もともとのコンセプトは、アソシエーションを生かすということ、つまり連想の翼を広げるということなんです。想像力の翼を広げて連想を喚起するミュージアムにしたいというのが私の考え方です。その連想によって、誰かと会いたくなったり、何かを食べたくなったり、着たくなったり、聴きたくなったりするように、このミュージアムで何かを得たくなるようにしたい。

ただし、ミュージアムですから見るだけです。何かモノを持ち帰れるわけではない。所有はできませんから。それでもミュージアムは何かを届け、残さなくてはいけない。そのためには、「アニマ」――「魂」とか「心」を意味する言葉ですが――に訴えていかないと届かない。

例えば映画は、今はネット配信が盛んになってきてそうでもなくなってきましたが、映画館に行かないと〝持ち帰る〟ことはできない。あるいはリゾートに宿泊して、そこで宿泊費を払っても、リゾート施設自体は買えない。そうすると、何か心に移っていくヴィークル（乗り物）が必要になります。このミュージアムでは、連想によって何か魂の動きが起こって、それが継続されていくような場所にしましょうというわけです。

日本の生きる道は、定性を計算可能にすること

――アニマのような定性的な要素は、計算しづらそうですが、ほかへの応用は考えられますか。

松岡　文化や文芸というのはもともと計算しづらいものです。しかし一方で、「計算可能な意味」というものがあるとも思っています。もっと言うと、意味のアルゴリズム（計算方法）があって、そういうもので本の分類はできるし、人間の思考の立体地図も考えられるし、ＡＩ（人工知能）もつくれるのではない

か。定性も計算可能であるというところへ持ち込まない限り、今後の日本の強みは生かせないと思います。
曖昧なものにも意味のアルゴリズムがあります。日本はそういう社会文化の中で生きてきた。「手前ども」というふうに自分のことを言いながら、頭に来ると「てめぇ」と言って切り返していたりしますよね。あるいは、「結構」と「もう結構」、「いいかげん」と「良い加減」といったふうに、日本の言葉や振る舞いは両義的なアルゴリズムになっている。ほかにも例えば、日本家屋の「縁側」とか「軒下」というのは、外か内か分からないですよね。そこには微妙なアルゴリズムが生きているわけです。つまり、分かりやすい例でいえば、炊飯器の炊きたての「ふっくらご飯」の具合というのは計算できるわけです。

――はい。そんな炊飯器も既に開発されています。

松岡　龍安寺の石庭が枯山水だなということは、何となく分かりますよね。でも、あそこに石を100個置いたら駄目だろうというのも分かるわけです。引き算もアルゴリズムですからね。

――確かにそうですね。

松岡　そういうことをやるのが日本なので、そこを重視していけば「定性の組み立て」はできるだろうと思っています。日本が神仏習合に向かっていったのはそのためです。あとは、それをどういう具合や按配（あんばい）にするのかという、その具合。蕪村の俳諧、明治の小唄、柳田國男の民俗学、竹久夢二の絵、重森三玲の庭にはそういう具合がありますし、早坂文雄の作曲、白洲正子のエッセイ、山本耀司の服、樂吉左衛門の陶芸には、そういう按配がありますよね。令和日本もそろそろ、そこに到達すべきです。

（写真：加藤康）

――そう考えると、日本が強みを発揮できる余地はたくさんありそうです。

松岡　例えば、コンビニのおむすびというものは世界中で日本にしかないと思うんですよ。ノリを巻いてセロハンに包んで、あんな奇妙な手続きで包んだり、開けたりする。こんなことは、どこもやっていないでしょう。

まずは、おむすびやたらこスパゲッティのような「これは日本だよな」と思うものに注目すべきだと思います。そこには、定量的にならない、定性的な独特のものがある。その嗜好品から手続きごと日本的な部分を限定して、取り出して見てみるべきだと思います。

その次には中間的なもの――、例えば半襟のような訳の分からないものを目指すべきでしょうね。半襟がなかったら着物なんてまったくサマにならないわけですから。

――着物を知らない人には、なんであんな

布を巻くんだと思われるかもしれません。合理的じゃない、とか。

松岡　半襟のようなものは、先ほど申し上げた軒下とか縁側に当たるものです。あるいは、空間における障子やふすまに当たるものです。ふすまを開けたり閉めたりすると全然別の空間ができる。僕はそういうものを「間のディマケーション（分界）」と言っているのですが、この辺りは日本の独壇場ですよね。ホンダの小型車やソニーの電化製品はその成功例でした。技術のイノベーションもそういったところに向かわなきゃいけないだろうと思います。

――そんな日本の文化に根差した新しい価値は、どうやって広めていくべきでしょうか。

松岡　クール・ジャパン程度の仕立てじゃダメでしょうね。ワイン文化のように凝った仕組みに切り替えて表現しないと価値は高まりません。ワイングラス、ワインセラー、飲み方、ソムリエという存在、ラベル、ポスター、ありとあらゆるものを洗練させていくといい。

この仕組みを、おむすびでも、たこ焼きでも、日本の何かに置き換えてみたらいいと思いますよ。そして、責任のためのアカウンタビリティーではなく、唸るようなプレゼンテーションのための説明をする。それを徹底的に、グローバルに通用する説明にまで持っていく。それをしないとダメなんです。

若いうちから日本文化を知ることが大事

――これまでの話を踏まえて、これから日本で、あるいは日本発で世界に向けて新しいことに取り組もうとしている人、特に若い人に向けてのメッセージをお願いします。

松岡　「同質に走るな」「マレビトになることを恐れるな」ということです。異質なものを取り込んで、組み合わせてほしいというのが大きいですね。

それから、やっぱり日本の古典的な価値観を学んでもらいたいですね。なるべく早いうちに学んで、好きなものを決めたらいいと思います。例えば格子模様だったらこれが好きとか、三味線の音色はあれがいいとか、茶色だったらこのえび茶が好きとか。自分の好きなものを若いうちに持った方が、日本を見るに当たっては力になると思います。

（写真：鈴木愛子）

09

アート×ビジネスで福祉領域を拡張

ヘラルボニー代表取締役社長
松田崇弥氏

ヘラルボニー代表取締役副社長
松田文登氏

知的障害のある作家が描くアートをビジネスの文脈に乗せて発信することで注目を集めているのが、ヘラルボニーの創業者、松田崇弥氏（代表取締役社長・双子の弟）と松田文登氏（代表取締役副社長・双子の兄）です。

「障害者アート」という枠組みを超えて、それぞれの作家の作品の素晴らしさ、個性を広く伝えたい。そんな思いを実現するために作品のデータベース化とライセンスビジネスを発想。「異彩を、放て。」というミッションの下、その展開は衣類、食品パッケージ、建設現場の仮囲い、ホテルのプロデュースなど大きな広がりを見せています。

（初出：2021年12月9日）

松田崇弥（まつだ・たかや）
ヘラルボニー代表取締役社長
1991年生まれ。双子の弟。小山薫堂率いる企画会社オレンジ・アンド・パートナーズを経て独立。4歳上の兄・翔太氏が小学校時代に記していた謎の言葉「ヘラルボニー」を社名に2018年7月、ヘラルボニーを設立し、現職。クリエイティブ担当。東京在住。

松田文登（まつだ・ふみと）
ヘラルボニー代表取締役副社長
1991年生まれ。双子の兄。大手ゼネコンで被災地再建に従事。その後、ヘラルボニー立ち上げに参画し、現職。マネジメント担当。岩手在住。

――ヘラルボニーの事業の根幹には、障害のある4歳上のお兄様の存在があります。改めてお二人にとってのお兄様への思いや、障害についてのお考えについて聞かせてください。

松田文登（代表取締役副社長・双子の兄）　4歳上の兄は重度の知的障害を伴う自閉症なんですが、家では普通に仲良く暮らしていました。それに、母親が福祉に積極的だったということもあって、物心のついた頃から障害福祉系の団体のところに毎週土日は一緒に通っていた記憶があります。そこはいろいろな障害のある方が当たり前のように存在している場所でしたから、（障害のある人と）共存するというのは当たり前でした。そんな環境で福祉業界の人たちにすごくかわいがられて育ったということもあって、もともと将来的には福祉という領域で勝負したいなという思いはありました。ですから、ヘラルボニーは兄がきっかけで始まったといえると思います。

ただ、一歩外に出ると社会には「障害者」という枠組みがあって、兄はやはり欠落と見られてしまうようなことも多々あるんだな、ということを実感する機会は幼少期からたくさんありましたね。それで中学校のとき、クラスに障害者のことをバカにしてからかうみたいな風潮があって――。兄のことは大好きだったんですけど、そのクラスの小さい枠組みの中では、自分は兄の存在を隠して中学の3年間を過ごしてきたということがありました。

――それはお二人ともそうだったのですか。

松田崇弥（代表取締役社長・双子の弟）　はい、二人ともそうでした。僕らは本当に小学校・中学校・高校とずっと一緒で、部活も全部一緒で、友人関係もほぼ一緒でしたので。ですので、二人とも中学のとき兄が自閉症だということを言いづらくなったというのはありました。それから高校に入って、まったく違う友人関係と環境に大きく変わったことによって（兄のことを）話せるようになっていきました。

文登　障害というと「欠落」をまず連想されてしまう――。けれど、アートというリスペクトが生まれてくる世界と出合い、従来の障害に対する価値観を変えていけないかと考えました。そんな思いからヘラルボニーはスタートしています。

障害のある作家が描いたアートをプロダクトに落とし込む

――障害のある作家が描いたアートをネクタイや傘といったプロダクトに落とし込んだブランド「MUKU」を2016年にスタートしました。事業を起こそうとしたきっかけや苦労したことなどを教えてください。

文登　障害のある作家の作品を展示する美術館「るんびにい美術館」（岩手県花巻市）を崇弥が訪れたことがきっかけです。その作品が、障害者であるとかそういうことと関係なく、単純に美しくて感動を覚えて、「これはすごい」と思ったことがスタートです。

――お母さんが連れて行ってくれたんですよね。

崇弥　そうです。当時、私は東京にある広告の企画会社で働いていたんですが、たまたま岩手に帰省していたときに母から「るんびにい美術館に行ってみない？」と言われて。私もそのときは知らなかったんですが、行ってすごい衝撃を受けて、文登に電話して――。最初の「ＭＵＫＵ」は副業でしたが、まずはそういった形でスタートしました。

※1 田屋の職人が織り上げて初めて商品化されたネクタイ。八重樫道代氏の「ワープロ」という作品がモチーフだ（写真：鈴木愛子）

一方で、障害のある方が描くアート作品は、支援的な文脈、CSR（企業の社会的責任）的な文脈に乗り過ぎているのではないかとも感じていました。例えば、福祉施設や就労支援施設でつくられた皮細工が、道の駅で500円とか安い値段で売られている。けれど、その職人の作品をクオリティの高いものとして世の中にアウトプットすることはできるはずです。これってプロデュースする側の裁量なんじゃないかと思ったりもしていました。

――最初にネクタイを商品化しましたね。

崇弥　シルクで、織りで、障害のあるアーティストの作品を表現できたら本当に素敵なものができるんじゃないかなということで、まずはネクタイをつくりました。

文登　障害のある方と社会を結ぶ、という意味合いを込めてネクタイを選んだのですが、当時はただ「熱量が高い若者が有志で頑張っている」というだけの状態でしたので、製造してくれるところを見つけるまでは苦労しました。

崇弥　そうですね。東京・銀座で100年以上続くネクタイメーカー、田屋さん※1が最初につくってくださることになったのですが、田屋さんは創業（1905年）以来、OEM生産で他社ブランドに卸すということは一切やってこなかったんです。そんな中で、法人格もない僕らを認めていただけたのは、すごい熱量というか、思いに共感してくださったからだと思います。とてもありがたかったですね。

文登　田屋さんのデザイナーも「（色の数が多くて大変だけれど）逆に燃えます」と言ってくださって、作品自体にも魅力を感じていただけたのではないかと思います。

――ほかに苦労した点は、どのようなことがありましたか。

崇弥　苦労はあったんですが、（当時は副業だったので）別にこれで食わなきゃいけないわけでもないので、ある意味、すごく楽しかったですね。勤務していた広告の企画会社では、年間の数字目標が毎年あって、それをどう達成するのかということを一生懸命やっていました。それも楽しくやっていたのですが、でも、「MUKU」の活動をしながら、「やっぱり自分は知的障害のある方々と一緒にクリエーションを生み出していくようなことが、すごくやりたかったんだな」という気持ちが、日に日に大きくなっていったんです。「MUKU」を立ち上げて起業するまでは、やりたいことを実感していく時間でした。

――純粋にやりたいことを形にしてみたら「MUKU」ができたということだった、と。

崇弥　本当にそうです。「好奇心を形にした」みたいな。なので儲けようとかは別に思ってなかったです。

文登　ワクワクが前提なので。当時は、事業としてどうしようとか、社会を変えようとか、そんな大きいことは考えてなかったです。

崇弥 やっぱり作品は本当にリスペクトしていて――。純粋にかっこいいし、イケてるなって思っているので、そのイケている作品をイケているままに、どうやって世に出せるか――。このことはいつもすごく考えています。

事業のポイントは作品のデータベース化

――それから2年後にヘラルボニーを創業しました。

崇弥 例えば、重度の知的障害のある人たちが素晴らしい作品を描いたとして、個展を定期的に開いて、自力で作品を売って利益を上げるというのはかなり難易度が高いですよね。それに、障害のある作家にとって、締め切りや納期があるというのもとても大変です。

そこで、素晴らしい作品を高解像度の画像としてデータベース化して、その著作権をこちらでお預かりして、それをいろいろな企業に渡していくことによってライセンスフィーが作家に入ってくるというモデルができたらと考えました。これなら重度の知的障害のある人たちが、納期に縛られなくてもお金が入り続けていくというビジネスモデルは成り立つんじゃないか。これは、私が広告ビジネスをやってきた中で、例えば何かキャラクターのデータを貸し出すだけで経済効果が生まれていくということを肌で感じていたので、出てきた発想だと思います。

――データベース化というビジネスモデルが見えてきて、起業を決断したわけですね。

※3　全日本仮囲いアートミュージアムの例。JR高輪ゲートウェイ駅で2020年7月14日より約2カ月間、駅前の仮囲いに作品を展示した（写真：ヘラルボニー）

崇弥　27歳のときに、広告の仕事を辞めて起業しようと思って。文登には「俺、今日辞めることにしたから、おまえも辞めろ」って電話しました。最初は「俺は結婚するから無理だ」って言われましたが（笑）

文登　その後、結局辞めましたけど（笑）

崇弥　なので、私が社長で文登が副社長なのは、一応、私が発起人だからというだけの理由なんです。

――このデータベースが今の事業※2の根幹になっていますね。

崇弥　データが一番の主力ビジネスに育っています。データがあるので、ジャケットの裏地にしたり、Tシャツにしたり、バッグにしたりできます。建設現場の仮囲いを美術館にしていくという「全日本仮囲いアートミュージアム」事業※3をゼネコン出身の文登が立ち上げたんですが、データを持っていれば、大きく引き伸ばして印刷をかけることができるわけです。

※2　ヘラルボニーの主な事業としては、データベースを活用したアートのライセンス事業、ネクタイ、ハンカチなどのオリジナル・ブランド「HERALBONY」の商品を企画・販売するプロダクト事業、そしてアート作品を売るアートの原画・複製画事業がある

※4 ホテルの客室イメージ。インテリアや寝具などにアーティストの作品を取り入れる（資料：ヘラルボニー）

文登 街の仮囲いのような日常の風景が、作品のタッチポイントに変わっていけたら、障害のある方に対するイメージがグラデーション的に変わっていく。僕らは「作品が作品として単純に美しいよね」という世界をまず広げていきたいので、その入り口の一つとして仮囲いが機能していけばいいなと思っています。

——ほかにもいろいろなところに採用されていますね。

文登 企画が前提にあって、そこに作品データを使っていくという形です。例えば駅舎や電車の車両、ジンのパッケージ、サバ缶、車椅子、ユニホームなど、いろいろなところに採用されています。

最近だと、盛岡市の再開発事業でバスセンターの跡地がホテルになるんですが（2022年秋頃完成予定）、そのホテル※4にヘラルボニーがプロデュースという形で参画しています。ここでは障害のある作家によるアートをあしらった部屋に宿

ジャケットの裏地にアート作品が。背景はHERALBONY GALLERY（写真：鈴木愛子）

泊客が泊まるごとに、作家にお金が流れていく仕組みを構築します。

崇弥　そのほか、丸井グループのクレジットカード（エポスカード）にアートをあしらったプロジェクトもスタートしました。利用者がカードを使うたびに利用額の0・1％が福祉関連の寄付に回るようになっています。カードを使うごとに障害のある人や団体の活動を応援できるという仕組みです。

投資家も評価する競合が出てきにくい事業構造

——この事業には「競合がない」と発言されていましたが、今もまだ出てきませんか。

崇弥　社会福祉法人で、自分たちの運営している施設にいる作家の作品を商品化していくような例はたくさんあると思います。ただ、いくつもの団体を取りまとめて、2000点を超える作品をデータベース化して運用しているところは、今のところほかには見かけないですね。

企業の社会貢献活動として「障害のある人たちのアートを活用していきましょう」という動きは、さらにこれからも増えていくと思います。ただ、デザインの文脈とか、アートの文脈でしっかりビジネスに乗せていくような活動は、かなりハードルが高いと思います。例えば、いきなり大企業が福祉施設に行って「アートを預かって著作権を運用します」と説明しても、「儲けたいだけだろう？」と否定的に捉えられてしまうことも多いでしょう。炎上リスクなどもあります。それと、契約・作品使用時のコミュニケーションはとても丁寧に取っているので、そのコストも見ていくと参入はなかなか難しいんじゃないかと思います。この点は投資家の方たちからも高く評価していただいている部分です。

文登　コミュニケーションはとても重視しています。契約は福祉団体（または個人）と結びますが、一人ひとりの作家の方とそれぞれ向き合って、その作品を社会に出していくということについては、すごく大切にしています。

――データベースのビジネスが動き出して、2021年4月には盛岡市にHERALBONY GALLERYをオープンしました。作品そのものを展示して販売していく場所をいよいよつくったわけですね。

文登　ここでは、一つの企画展で一人のアーティストをピックアップしていきます。「障害者アート」と言った途端に、「アウトサイダー・アート（正規の美術教育を受けていない作家による絵画や造形）」といった文脈に乗せられてしまいがちですよね。ここではそうではなく、一人の作家として、その人の生き方やこだわりも伝えていきます。ここでは価格も含めて、自分たち主導でアート作品が回っていくような立ち位置を目指したいですね。

※5 ヘラルボニーのマスクをしていると街なかで話しかけられることも（写真：鈴木愛子）

岩手に本社を置いたから、地元の人が応援してくれる

――ヘラルボニーは創業時は岩手県花巻市、今は盛岡市に本社を置いています。地元・岩手に本社を置く意味やこだわり、あるいは何か実際に得られている効果はありますか。

文登　応援をしてもらえている、という要素は非常に強いのかなと思っています。

岩手県という時点でスタートアップがまず珍しいうえに、ヘラルボニーのような企業体はほぼ存在しません。地元・盛岡の百貨店「カワトク」にも、２０２１年のキービジュアルにヘラルボニーの契約アーティストの作品を採用していただきました。お店では全員がヘラルボニーの提供ビジュアルをあしらったバッジを着けて接客をしてくれています。

――そうなると地元での知名度は高くなって

いきますよね。

文登　そうですね。この前も、ヘラルボニーのマスク※5を着けてコンビニに入ったら、「ヘラルボニーのマスクね」って話しかけてもらえたり――。

――そういった展開を狙って岩手に？

崇弥　狙ったわけではありませんでした。文登が岩手に住んでいて、私は東京に住んでいたのですが、本社登記はどちらがいいだろうねという話になったときに、「岩手の方がかっこいいよね」みたいな話になって。あと、最初に契約を結んだ福祉施設が岩手の施設だったということもあって、岩手に登記しました。

私も昨日、突然おばあさんに話しかけられて、このおばあさんがヘラルボニーのマスクを着けてくれていて。それからカフェにまた行ったら、そこでも「ヘラルボニーさんですか」って話しかけられて――。これって東京で起業していたらあり得ない光景ですよね。やっぱり局地的な熱量をどれだけつくれるかという意味では、地方でまず本当に熱狂をつくってから東京に持っていくというやり方もあるだろうなと思います。

――東京で起業しなくてよかったですね（笑）

崇弥　確かに、こんなに応援してもらえるような雰囲気にはならなかったと思います。ただ、融資制度などスタートアップ支援の仕組みは東京の方がたくさんありましたね。

アーティストの周囲の人たちが変わっていく

——障害のあるアーティストの方と関わってきて、障害のある当事者の方の変化を感じることはありますか。

文登　それはありますね。ただ、本人よりもむしろ周りの人たちが変わっていくことが多いかもしれません。例えばある作家さんの妹さんは、今まで「私の兄がこういうのを描いていて」といったことはあまり積極的には言わなかったのですが、今ではお兄さんの作品のスカーフを巻いていろんな人に「うちの兄が」と話をするようになったりしています。

崇弥　ヘラルボニーは地元の百貨店、カワトクに小さな店舗を出しているのですが、「息子の絵が百貨店に置かれているんですよ」と周りの人、地域の人に言うことによって、地域の人も出掛けて見に行ってくれる。すると、回り回って、作家本人も「よっ、アーティスト」なんて声をかけられるようになったりしていくんです。そうなると、重度の知的障害のある人たちでも「何か自分の絵が褒められているな」みたいなことを多分把握していって、本人も結果的にすごく生きやすくなっているんだろうなと思っています。

障害福祉の関係の人たちって、謝ることに慣れているというか、「申し訳ない」と言うことに慣れてしまっているところがあるんです。ヘラルボニーの取り組みは、そういう人たちに自信や肯定感をよみがえらせることができている。どんどん社会と障害のある方との接点をつくっていける。そんなところも、ヘラルボニーの良さであり、強みでもあります。

自分がやりたいことが前提、まずやってみる

――最後に、これから起業したり、新しい事業にチャレンジしようとしている人たちに一言いただけますか。

崇弥 ヘラルボニーをやっていて一番ワクワクすることは、障害者との関係性が逆転しているところにあると思っています。障害のある人たちを支援する従来の仕組みは、行政がそこに予算を付けて、それで障害のある人たちも支援者と呼ばれる人たちも暮らせるというものでした。でも、ヘラルボニーは、重度の知的障害がある人たちの作品がなければ私たちは食っていけないという立場になっている。これはある種、作家さんに依存するという、依存体系が逆転している構造です。こういった新しい構造で、資本主義経済が回るような仕組みを、もっともっと加速させたいと思っています。

ヘラルボニーは10年前にスタートしたらうまくいかなかったでしょう。今はこういった活動に共感していただける土壌も整ってきていることを実感しています。ですから、これから起業する方々は、以前だったら「これだったらちょっと難しいだろう」と思えるような構造でも、今の時代だと受け入れてもらえることも結構あるので、何かをまずやってみるというのはすごくいいことだと思っています。

文登 ヘラルボニーは、カルチャーコードとして「主人公は常に自分である」という言葉を掲げています。どうして私は会社を辞めてまでこの事業をやりたいと思ったかというと、「自分がワクワクしたから」ということが前提としてありました。この最初のスタートのときの気持ちはとても大切にしています。

社会課題を解決するとかソーシャルビジネスということであっても、事業を行うときには、「この人た

ちのために」というよりも、「それが本当に自分としてやりたいことなのか」というところに立ち返って考えることが前提じゃないかと思っています。

（写真：READYFOR）

クラウドファンディングで日本の寄付文化を変えた

10

米良はるか氏

READYFOR創業者／代表取締役CEO

米良はるか氏は、2011年に日本初のクラウドファンディングサービス「READYFOR」を立ち上げました。2010年に米国に留学し、たくさんの個人がクラウドファンディングによって資金を調達していることを知ったのがきっかけです。

「誰もがやりたいことを実現できる世の中をつくる」というビジョンの下、日本で新しい寄付文化やお金の流れを創造し、国内最大級のクラウドファンディングサービスとして成長。累計250億円超の支援（2022年1月現在）を生み出してきました。近年は、企業の寄付についての支援や、新型コロナ関連の支援のための基金を立ち上げるなど、新しいお金の流れを、個人から社会へと広げています。

（初出：2020年8月12日）

米良はるか（めら・はるか）

READYFOR創業者／代表取締役CEO

1987年生まれ。慶應義塾大学経済学部卒業。2011年に日本初・国内最大級のクラウドファンディングサービス「READYFOR」の立ち上げを行い、2014年より株式会社化、代表取締役 CEOに就任。World Economic Forum（世界経済フォーラム）のグローバルシェイパーズ2011に選出、日本人史上最年少でダボス会議（世界経済フォーラムの年次総会）に参加。ウーマン・オブ・ザ・イヤー 2021（日経WOMAN主催）選出。首相官邸「人生100年時代構想会議」議員などを歴任。

――新型コロナウイルス感染症対策で、素早く新サービスを立ち上げましたね。

米良　私たちがコロナ関連で一番初めに始めたのが、2020年2月の末に立ち上げた「新型コロナウイルスによる中止イベント支援プログラム」※1です。

中止イベントの主催者の方を対象にサービス手数料なし（決済手数料5％のみ）で申し込みを募りました。クラウドファンディングを気軽に使っていただいて、少しでも被った損害の補填につながってほしいということでスタートしたプロジェクトです。

――プログラムへの反響はいかがでしたか。

米良　反響はすごくよかったです。まず、イベントの主催をしていらっしゃる方々に「クラウドファンディングという手段があるのか」ということを知っていただけたのがよかったと思っています。

「寄り添う手段」としてのクラウドファンディング

米良　それから、READYFORがこのタイミングでこのプログラムを立ち上げたことで「自分の周りの大変な人たちを救える手段ができたのがよかった」と言っていただくことも多かったですね。クラウドファンディングという手段が（大変な状況の人や困っている人に）「寄り添う手段」としても存在するんだということをお伝えできたかなと思っています。

――「新型コロナウイルス感染症：拡大防止活動基金」※2では7億円以上のお金が集まりました。

※1　プロジェクトは終了（申し込み期限：2020年4月30日）。その後の同社のコロナ関連の取り組みとしては、休眠預金を活用した「若者の『コロナ失職』包括支援プログラム」（育て上げネットとの共同事業）などがある

米良　コロナ禍でお金が必要なところはいろいろあるんですが、その中でもやはり医療機関は、感染を食い止め、あるいは、患者さんをサポートするという意味でも、体制を整えなくてはいけない。エッセンシャルワーカー、フロントラインワーカーと呼ばれるような医療従事者やライフラインに関わる仕事をしている方々にも、最前線でお金の心配なく活動し続けていただきたいと考えていました。

そんな思いから、クラウドファンディングで基金にお金を集め、それを通じて助成していく仕組みを、我々で整えさせていただきました。

※2　新型コロナウイルス感染症：拡大防止活動基金は、7億2646万5000円の寄付を集めた

――基金の成果をどのように評価していますか。

米良　コロナ禍の中で、「医療従事者をサポートしなきゃいけない」といったニュースがメディアにたくさん流れました。けれど、どうサポートしていいのか分からない。そんな方が多かったんじゃないかと思います。そんな無力感を感じている方が多い中で、寄付する側の皆さんに対しても、よい窓口になれたのかなと思っています。寄付をする、サポートをするという形で、少しでも自分の大事な社会を守っていけるかもしれない。そんなふうに思っていただけたのではないでしょうか。

あるいは、飲食店の支援※3などもやらせていただきましたが、自分がすごく好きなお店が本当に大変な状況で、それを守る手段というものが多分今まではなかったけれど、今回、クラウドファンディングという手段によって、「自分の大事なものを少しは守る手伝いができた」と感じていただけたのではないか。

※3　日本商工会議所と連携した「地域飲食店応援クラウドファンディングプログラム みらい飯」など

クラウドファンディングの使われ方がすごく広がったというか、皆さんの心を通わせる手段になったのかなと思います。

——READYFORが企業ミッションとして掲げる「想いの乗ったお金の流れを増やす」ということへの理解が深まったと言えるかもしれません。

米良　はい、そうだと思います。寄付というと、今まではどうしても「崇高なミッションの下に」といったイメージだったと思うんです。

けれど今回は、周りの人には価値が伝わっていないけど、自分にとってはすごく大切なものが、突然コロナによって奪われようとしている状況になったわけですよね。なので、それぞれの人が、自分にとって大切なものを守りたいという気持ちで、クラウドファンディングに寄付していただけたんじゃないでしょうか。

どこかの会社で働くより、自分で実行する方が早い

——米国に留学してクラウドファンディングに出会い、日本初のクラウドファンディングサービスを立ち上げた米良さんの創業ストーリーはよく知られています。以前から、ネットで起業しようと思っていたのでしょうか。

米良　学生の頃から社会を面白くする側にいたいなと思っていて、そのドメインがデジタルであるということも分かっていました。当時どこまで深く考えていたかはともかく、「デジタルの世界で何らかの社会

の仕組みをつくる」みたいなことにはすごく興味がありました。

一番のきっかけは東大のＡＩ（人工知能）研究者の松尾豊先生（東京大学大学院工学系研究科教授）との出会いです。私が大学生のときに東大の松尾研と共同研究していたんですが、それがきっかけで松尾先生たちがつくっていた人物検索サイト「あのひと検索 ＳＰＹＳＥＥ」のアルゴリズムのことをいろいろ知ることができたんです。その当時はＷｉｋｉｐｅｄｉａの人物が多分１万人ぐらいしか登録されてなかったんですけど、ＳＰＹＳＥＥは何十万人分もの情報が登録されていて、そこからアルゴリズムで人の名前を引っ張ってきて自動的に各人物のページを生成するというものでした。いろいろなウェブ上のデータから人物の相関関係などの情報が〝見える化〟されていくんですが、これを見て「社会が変わる」と思いました。

これまでは、何かを実行しようと思ったら、それが実現できそうな企業にオーダーしたり、企業と一緒に取り組んだりというやり方が一般的でした。これが、それぞれの個人とその実績が紐付いて〝見える化〟できるようになると、「この実績を持ったこの人と仕事をしたい」といったことが当たり前になっていく。あるいは、何かをやろうとしている個人をみんなで支え合うような動きも出てくる。個人を中心とした社会がこれからの時代に実現していくわけです。そして、それを支えるのがテクノロジーだと思っていました。そういう領域で何かやれたらいいんじゃないか――。そんなふうに、学生の頃には思っていました。

それに、ウェブのサービスは資本がなくてもアイデア一つで誰でもつくれるところがやっぱり特徴なので、それならどこかの会社で働くよりは、「自分で持っているアイデアを自分で実行する方が早いかな」と思っていたんです。そんなふうに考えていたのが、起業につながったのかなと思います。

インタビューはオンラインで実施した（インタビュー中の画面より）

——米良さんがクラウドファンディングと遭遇するのは、必然だったのかもしれませんね。松尾先生と出会う以前から、そういった考えは持っていたのですか。

米良　それ以前は全然考えていませんでした。子どもの頃、PostPet（熊のぬいぐるみのアバターがメールを届けてくれるソフトウエア）でお友達にメールを送ったりしていましたが、まったくそこからは進化なしでした。インターネットは身近に存在していましたが、プログラミングも全然していませんでしたし。

だから大学1年生のとき、パソコンの授業があったんですけど、本当にできなくて。ブラインドタッチができる子が多かったので、「どうしてみんなこんなにできるんだろう」とか思ってました。本当に何もできなかったんです。

——子どもの頃からずっとネットに慣れ親しんでいるのかと思っていたのですが、ちょっと違うんですね。

米良　はい、全然（笑）。新しい技術とか新しいデバイスとかが出ると、「キャー」って飛びつくみたいな人たちっているじゃないですか。私はそういうタイプじゃなくて、世の中に変化を起こすようなものが面白いなって思っているところがありますね。

だから多分、アルゴリズムが面白かったというよりは、「このアルゴリズムによって人々の生活がどう変わっていくんだろう」みたいなことを考えるのが、私にはすごく面白いんだと思う。テクノロジーによって実現される社会に興味がすごく湧いて。社会主体がどう変わるかということに対しての興味が強いんだと思います。

公と民の役割分担について、踏み込んで考えたい

――コロナ関連の支援もそうですが、企業向けのSDGs（持続可能な開発目標）マッチング事業「READYFOR SDGs」※4など、個人対個人というイメージだったクラウドファンディングの領域をどんどん広げていますね。

米良　日本では、SDGsは経団連が音頭を取って、いろいろな企業が前に進めてこられたわけですが、一方で、自分の会社で（SDGsについて）何をしていけばいいのかよく分からない、という話を企業の方からお聞きすることもありました。そういったこともあり、SDGs推進に向けて、企業にパートナーシップを組む団体を紹介する新事業「READYFOR SDGs」を2019年7月にスタートさせました。

「READYFOR SDGs」は、企業ごとにSDGs目標、支援テーマを決定し、該当する活動・プロジェクトの募集を行い、各審査で選ばれたプロジェクトには目標金額の50％を上限にマッチングギフ

※4　現在は「READYFOR.Biz」として企業の寄付活動をサポートしている

ト（クラウドファンディングで集まった支援金に、企業が一定比率の資金を上乗せし、その総額をプロジェクト実行者へ届ける仕組み）を行うというものです。

——今後、民間企業の中でSDGsの機運は高まっていくと思いますか。

米良 今回のコロナ禍で、すごく大きく変わっていくんじゃないかと思っています。

例えば気候変動は、自分の会社が何をしたらいいのかというと、何をしていいか分からないし「別に関係ないよね」って思っていた人たちが多分たくさんいたと思うんです。パンデミックも多分、そうでしたよね。

でも、今回のコロナ禍では、全世界的にパンデミックが起こった。それで、パンデミックがこんなにもいろんなところに社会的な影響を及ぼすということが顕在化されたわけです。そうすると、自社の利益のためにも社会を守らないといけないし、従業員の雇用も守らないといけないし……と、企業の考えが広がっていきますよね。社会課題を解決していくような事業に取り組んでいくことが、回り回って自分たちの売り上げや利益につながっていく——。そういった認識は広がっていくと思います。

コロナ禍は、「あ、そうか。こうやって社会ってつながっているんだな」ということを実体験として誰もが感じる出来事でした。だからこそ、SDGsを、つまり、社会がつながっている中で「どうやってみんなで解決していけばいいのか」を、これから本気で考えるタイミングに入ってくるのではないでしょうか。

——今回のコロナ基金についていえば、かなり公共的な役割にも接近してきています。公と民の役割分担について、どのようにお考えですか。

米良　基金を立ち上げたことが、公と民の役割分担について、もう一段、私たちも深く考えていかなくてはいけないと思うきっかけになりました。

２０２０年の２月末ぐらいから新型コロナが日本でも広がっていったわけですが、２月末という時期は、政府が予算を出せるタイミングとちょっとずれてしまっていた。このことで「自粛とはいえ、どうやって生活していけばいいんだ」といった声がすごく上がってきて、クラウドファンディングを使えないかという問い合わせも爆発的に増えたんです。

クラウドファンディングでお金を集めて、それで実際になんとか事業を存続できたという事業者さんもいました。やっぱりスピード感とか、すぐに挑戦するとか、まあ今回は挑戦というよりはどちらかというと守るという話でしたが、その速度というのは、やっぱり民間のものだなと思うんです。

一方で、インパクトという話でいうと、何兆円、何十兆円、何百兆円という予算を取って「この産業を応援するよ」みたいなことは、さすがに民間ではちょっと難しい。そういう意味で、民間がスタートダッシュを切り、その後、公的な資金でどんどん支えて、公・民で補い合って、社会不安を減らしていくというのがすごく大事になってくると思っています。

私たちのコロナ基金についていえば、今回４月、５月、６月、７月と、１カ月ごとに基金からお金の助成をしたんですが、１回目は基金の立ち上げから２週間で助成金の振り込みをしました。どうしてかというと、フェーズによって必要なものが変わると思ったからです。今回のコロナは今までの災害などに比べても不確定な要素が多いですし、資金が必要である現場も状況によって変わってくるだろうということも想定していました。

なので１回目は、医療機関にしっかりとマスクを配布してもらえるところなどに助成をして、２回目以降からはもう少しフロントワーカー寄りの人たちに向けてお金を拠出していきました。

1回目と2回目の間に、政府が医療系の予算を組んだり、マスクの供給に対して補助金を出したりといったことがありましたので、工場が回り始めてマスクが供給できるようになりました。でも、1回目のときはやっぱりマスクが足りない状況だったんですよね。そんなときにいち早くマスクを送るというのは、民間にしかできないことです。それで本当に大変なところに届いたんですが、その後、追加で平等にマスクを配るとなったら、それはやっぱり、公的なところにしかその機能は果たせないでしょう。

直近の例でいうと、クラスターの発生した永寿総合病院を応援するクラウドファンディング※5をサポートさせていただきました。目標金額の2000万円を大きく超え、5000万円近くのご支援が集まっています。医療機関は区（行政）が応援するべきという声もあるんですが、とはいえ各病院ごとに区の職員さんが状況を確認して、それから平等に一定の基準でお金を渡すということを、この大変な状況の中ですぐにやれるかというと、やっぱりそれは結構難しい。なので、スピード感を持たなきゃいけない部分はまず民間でやるという形は、役割分担としてはいいのかなって思っていたりします。

※5「頑張れ、永寿総合病院：地域医療の砦を守ろう」と題したクラウドファンディングは、目標を大きく上回る支援が集まった

――SDGs支援や基金設立など、「想いの乗ったお金の流れ」がどんどん拡大しています。ちょっと抽象的な質問になってしまうの

ですが、米良さんにとって「お金」とは何でしょうか。

米良　何でしょう……。何をやるにもお金が必要であるというのは、やっぱりそうだなと思っています。ただ、お金があれば何かができるというわけではなくて、あくまでも何かをやりたいとか、何かを実現したいという思いがあって、それを実現するための手段としてのお金でしかないと思うんですけど……。でもすごく強力な手段だと感じています。

だからこそ、自分のやりたいことがあったり、社会をあるべき姿に近づけようとしたりしている人に、つまり、手段としてのお金を本当に必要としている人たちに、ちゃんとお金が届くようにしたいと思っています。お金が健全に流れていないと「使われないお金」がどんどん溜まっていって、「手段としてのお金」の流れが滞留していくわけですよね。でもそれでは、お金の本来の役割を果たせてないいんじゃないか、と。

サステナブルな組織運営は「とにかく褒める」ことから

——日本の場合、起業して売却して、また起業して売却して……というパターンよりも、起業した人がそのままずっと会社を経営していくことが多いと思います。米良さんもそうですよね。最後に、経営者としての米良さんが、サステナブルに組織を運営していくうえで心掛けていることを教えてください。

米良　うちの会社では「信頼感」というキーワードを一番に設けています。いくら情報を収集しても、「それって本当なの?」「何かおかしいんじゃない?」って思い始めると、何の情報も受け取れなくなるし、逆にいうとその情報を基にした意思決定もできなくなってしまいますよね。

なので、やっぱり相手を信頼するとか情報を信頼するためにも、お互いの強いところと弱いところを理解し合うということをすごく大事にしています。そうすることで、「まあこの人が言ってるんだからやってみよう」っていう、ベースの部分での信頼がお互いに出来上がってくる。そんな状態をどうやって醸成するかということが、会社の組織において大事なことだと思っています。

――強みはもちろん、弱いところもお互い見せ合うことで理解し合う、ということでしょうか？

米良　相手の強いところ、弱いところを見るというよりは、一人ひとりが自己認識をして、それを自己開示できる組織にすることを意識しています。心理的安全性を高めようということです。

「ああ、この人こういうところは苦手なんだ」ということを分かっておけば、別にその人がそこで失敗しても「それは苦手なんだから仕方ないよね」みたいな感じになるし、その人が「こういうところだったらすごくワクワクするし頑張れるんだよね」っていうことが分かっていれば、そういうボールを投げることができる。

逆に、「あなたはそれだから駄目なんだ」とか「苦手なところをもっと伸ばさないと、ここじゃ生きていけないぞ」みたいなことを言われると、もうみんな怖くてそれ以上何も言わなくなってしまいますよね。ですから、自己認識と自己開示ができるっていう環境は、すごく大切にしています。基本的にはすごく褒める。だから社内では、「すごーい」とか（笑）、そういう会話が多いです。

――人を褒めるのって、意外と難しそうな気がします。

米良　人のことを「すごいすごい」とか褒めるのって、なんだかその人を甘やかしているみたいな感じがするし、そんなことを言うのは恥ずかしいよ、みたいなこともありますよね。でも、訓練すればできるようになると思っています。

我々の場合は、「ＷＩＮ会」という会を社内の部署ごとにやっています。ＷＩＮ会では、その週に自分がＷＩＮしたこと、自分がやってすごく成果を上げたことなどを部署の中で伝えて、それに対して、そこにいるメンバーみんなで褒める。ひたすら褒めるという会です。

誰も絶対に注意しちゃいけなくて、とにかくもう期待と褒めることしか言わない。そうするとだんだんみんな褒めるのに慣れてきて、褒め方がすごいうまくなってくるんですよね。

──成果を発表するのが主眼ではなく、褒めるための会なんですね。

米良　そうです。そうすると普段の仕事でも、「すごいすごい」とか、「さすが」とか言いやすくなってきて、どんどんそういうカルチャーになっていくんですよ。最初はすごくハードルが高いんですけど、そこを抜けるとみんな普通に褒められるようになるんです。

社外の人にこの話をすると、「それで組織が機能するの？」みたいなことを言われるんですけど、以前より今の方がすごく生産性が高いんですよ。

（写真：鈴木愛子）

11

エンターテインメントの楽しみ方を変えた「ぴあ」

ぴあ代表取締役社長

矢内 廣 氏

矢内廣氏は、日本人のエンターテインメントの楽しみ方を大きく変えたプラットフォーマー企業、「ぴあ」の創業社長です。

矢内氏は学生時代の1972年に映画、コンサート、演劇などのスケジュール情報を網羅した月刊情報誌「ぴあ」を創刊し、若者を中心に大きな支持を得ました。1984年に開始したチケットの電話予約サービス「チケットぴあ」によって、誰もが手軽にライブ・エンターテインメントを楽しめるようになりました。

さらに2020年には自前の〝ハコ〟となる「ぴあアリーナMM」をオープン。ライブ・エンターテインメントにどんなイノベーションを生み出すのか、ぴあの次の一手に注目が集まります。

（初出：2020年4月30日）

矢内廣（やない・ひろし）

ぴあ代表取締役社長

1950年福島県いわき市生まれ。中央大学法学部卒業。大学在学中の1972年7月、アルバイト仲間と共に月刊情報誌「ぴあ」を創刊。その後74年にぴあ株式会社を設立し、代表取締役社長に就任。1977年、映画監督の発掘・育成を目的とした「ぴあフィルムフェスティバル（PFF）」の前身「第1回自主製作映画展」を開催。1984年、「チケットぴあ」スタート。2003年5月、東京証券取引所市場第一部に上場。2018年11月「ぴあ」（アプリ）を本創刊。2020年7月には、横浜・みなとみらい地区に収容1万人規模の大型音楽アリーナ「ぴあアリーナMM」をオープン。

――矢内さんは、１９７２年にエンターテインメント情報誌「ぴあ」※1を創刊、１９８４年に「チケットぴあ」をスタートさせました。日本におけるエンターテインメントの楽しみ方を大きく変えるイノベーションを起こしてきたわけですが、これから新しいことを始めようとしている人に矢内さんからアドバイスをするとしたら、どのようなことがありますか。

矢内 僕は、ビジネスを新しく立ち上げようとしている人たちと話をする機会がよくあるんですが、「どうやったら上場できるでしょうか」であるとか、「どうやったらこういうことができるでしょうか」といったようなこと、つまり〈Ｈｏｗ〉の話を聞いてくる人が多いんですよ。お金を１円でも多く稼いで利益を上げるということ――。これは決して悪いことじゃなくて、大事なことではあるけれど、それだけになってしまっている人が多いように感じます。マネー・メーキング・マシーンと言ったらいいのか……。

そんなときに僕は、「じゃあ、あなたはなぜこの事業をやりたいのか。この事業を通じて何をやりたいと思っているんですか」という〈Ｗｈａｔ〉の話をします。

「あなたは何でこの事業をやろうとしているんですか」と。僕が質問をすると、利益をたくさん出して上場したい、と答える。「じゃあ、上場してどうするんですか」って聞くと、もっと利益を上げたい、と。それに対してさらに、「じゃあ、そんなに利益を上げてどうするんですか」……というふうに、どうして、どうしてって聞いていくと、大体言葉に詰まっちゃうんですね。

もちろんお金を稼がなければ企業は成り立ちませんが、「それだけで本当にいいんですか」という会話によくなるんです。ですから、新しく事業を起こそうとしている人に対するメッセージとしては、やっぱり、なぜその新しい事業をやろうとしているのかという、いわば根っこにある部分をもっと突き詰めてほしい。〈Ｈｏｗ〉だけじゃなくて〈Ｗｈａｔ〉をちゃんと考えてほしいというのが、僕の答えですね。

※1 1972年7月に月刊情報誌として創刊。1979年9月に隔週刊化。1990年11月には首都圏版が週刊化される。「客観情報のみで、主観性・批評性を排する」「情報の取捨選択は読者が行う」「メジャーな情報もマイナーな情報もすべて平等に扱う」「情報の送り手と受け手はフラットで、時々入れ替わる」という「ぴあ」の編集方針は、インターネット時代を先取りしていたとも評される。2011年7月に休刊するも、2018年11月に「ぴあ」（アプリ）を本創刊しオンライン上で復活した

「ぴあ」（アプリ）。2022年5月に約140万ダウンロードに。起動画面のイラストは、35年以上にわたり情報誌「ぴあ」の表紙イラストを担当した及川正通氏が担当（資料：ぴあ）

「ぴあ」創刊号の表紙（資料：ぴあ）

――まずはビジョンがなければ、ということでしょうか。

矢内　もちろんビジョンも大事ですが、ビジョンのさらにもっと手前というか、その事業をやりたいと思った動機ですよね。それはやっぱり、人それぞれみんなあるはずなんですよ。

――大学4年生のときに、エンターテインメント情報誌「ぴあ」を立ち上げたときもそうでしたか。

矢内　「ぴあ」を立ち上げたときについていえば、最初は「サラリーマンになるのは癪だよね」っていうところから始まって、そこから「（当時大学生だった）自分たちにとって何が必要か」を考えていきました。

サラリーマンにならずして、自分たちで自分たちのビジネスをつくり上げて食べていけるように、ということですから、まずは経済性が前提としてあったわけです。ただ、「経済性があれば何でもいい」とは、（創刊メンバーは）みんな考えていなかったと思います。

それと、何か新しいことを始めようとすれば、当然のことながら、そんなに順風満帆に進むことはありません。

どこかでつまずいたり、いろんな壁があったりするのは当たり前ですよね。そこを乗り越えなければいけないわけですが、「お金をたくさん儲けたい」という動機だけだと、やはり「違う方法でもいいんじゃないの？」という話になっていきます。乗り越えるためのエネルギーは湧きにくいですよね。

もちろんチェンジすることが悪いとは思いません。けれど、乗り越えていこうとするのであれば、「本来、もともと何をやりたかったんだっけ？」というところに立ち戻ることが大事になってくるんです。そこに立ち戻っていけば、「ここは諦めずにやろう」っていうふうに思えるはずなんですよね。

アリーナの建設・運営で〝機能〟を超えた価値をつくる

――横浜・みなとみらい地区にオープンした「ぴあアリーナMM」※2に関していえば、どんな動機があったのですか。一企業が1万人規模のアリーナを自前でつくって運営していくというのは、国内では恐らくこれまでに例のない取り組みです。

矢内　私は、興行ビジネスといいますか、エンターテインメント・ビジネスが成立するために必要な要素は四つあると思っています。

まずはいいコンテンツがなければ始まらないわけですよね。次に、そのチケットを流通させる、売っていくという要素も必要になるわけです。そして、興行が実現するためには〝小屋〟、つまり場所が必要になります。さらに、プロモーションをするメディアが欲しい。大きく言うと、コンテンツ・流通・場所・メディアという四つの要素が必要なわけです。

今、我々は興行をつくるということもどんどんやっています。チケット流通はずいぶん前からやってき

※2　音響、照明、客席、機材搬入口など、すべてを音楽専用としてつくり込んだアリーナ。2020年7月10日開業（当初は4月25日に開業予定だったが、コロナ禍の影響で日程を変更、ぴあの創業記念日に開業した）
▼所在地：神奈川県横浜市西区みなとみらい3-2（38街区）▼規模：地下1階、地上4階▼敷地面積：1万2000m²
▼延べ面積：2万3139.81m²▼構造：鉄筋コンクリート造　一部鉄骨造▼収容人数：約1万2000人（着席時約1万人）
▼公式サイト：https://pia-arena-mm.jp/

「ぴあアリーナMM」の外観と内観。約1万2000人（着席時約1万人）を収容する
（写真：2点ともぴあ）

ました。メディアは、雑誌「ぴあ」を休刊したので一旦なくなりましたが、スマホアプリ版の「ぴあ」として2018年11月に復活しました。1年で100万ダウンロードを超え、順調に進んできています。

あとは、〝小屋〟がない。我々にとって、〝小屋〟は埋めなければいけない最後の1ピースだったわけです。これがようやくスタートできるということになります。

――アリーナはいつ頃から必要だと思っていましたか。創業したときからずっと、そう思っていたのでしょうか。

矢内 思っていましたね。

――2020年は、ぴあ創業から

48年目です。ずいぶん時間がかかりました。

矢内　自己資金でやろうと考えていましたから、当然のことながら、資金的な余力が出てこないとできないですよね。一方で、東京オリンピック・パラリンピック大会が近づいてきて、劇場、ホールの建て替えや改修工事で小屋が足りなくなってきていた。こうした時代背景も、自前でアリーナを持つタイミングとして悪くないという判断でした。

――ライブ・エンターテインメントのプラットフォーマーとして、4要素（コンテンツ・流通・場所・メディア）のすべてが自社でそろいましたね。この分野に、例えばGAFAのようなグローバルなプラットフォーム企業が競合として進出してくるとお考えですか。

矢内　機能性の競争、使い勝手の競争は、これからもIT技術の進歩と共にずっと続くと思っています。ビジネスというのは、何か新しいことをやっても、その後を追いかけてくるところが出てくるのが常ですからね。

ですから、どこが競合になるにしても、さらにまた先を行けばいいと思っています。ただ、そこだけにとどまらず、さらにその次は情緒性が必要になってくると僕は思っているんです。

――情緒性について、もう少し詳しくお聞かせください。

矢内　エンターテインメントや文化が人生を豊かにする――。そういう考え方をする社会を、我々は望ましいと思っているわけです。ただ、その社会は機能性だけではやっぱり到達できません。

我々の今のビジネスは、いわば、文化を消費してビジネスにしているんです。でも、だからこそ、消費

（写真：鈴木愛子）

だけではなく、新しい文化をつくるということも必要です。若い映画作家の才能を発掘するための自主映画コンペティション「ぴあフィルムフェスティバル（PFF）※3」では、そういうことを何十年もやってきました。

「消費だけじゃなくて創造もしますよ」という人が増えていく。その大切さがもっとちゃんと理解されていく時代が来るんじゃないか。僕はそう思っています。

我々は「バリューチェーン」という言葉を使っているのですが、アリーナも持てるようになりましたので、エンターテインメントの4要素（コンテンツ・流通・場所・メディア）をつないでいって、機能性に情緒性を加えて、ある種の世界観をきちんとつくっていこうと思っています。それぞれのバリューがチェーンのようにつながり合うことによって、今までできなかった新しいことがいろいろできるようになってくるはずだと思っています。

※3「映画の新しい才能の発見と育成」をテーマに1977年12月に「第1回自主製作映画展」として開催（「ぴあフィルムフェスティバル」という名称は1981年から）。2017年4月に運営母体として一般社団法人化。「PFF（ぴあフィルムフェスティバル）」を設立

みなとみらい21地区は「コト志向」の象徴的なエリアになる

——アリーナを持つことによる広がりは、自社のビジネスはもちろん、地域活性化にもつながりそうです。横浜では地域と連携しながらナイトタイム・エコノミーの発展に貢献しようという動きも進めていますね。

矢内　みなとみらい21地区は、横浜市としてはやっぱりそういうエンターテインメントの集積地にしたいという考えがあるようです。その意味では、ぴあアリーナMMに対しても大きな期待を寄せていただいています。

YOKOHAMAミッドナイトHAR★BAR2019のチラシ

　2019年12月には「YOKOHAMAミッドナイトHAR★BAR2019」※4と題したイベントをぴあが旗振り役になって行いました。いつもより夜遅くまで街を楽しみましょう

※4　2019年12月14日の土曜日に開催。この日に限り、クルーズ船の夜間運航、観覧車の深夜営業、夜間レストランの営業時間延長、イルミネーションやライトアップの点灯時間延長などを行った
【企画総合プロデュース】ぴあ
【特別協力】トヨタ自動車
【協力】ポートサービス、京浜急行電鉄、新港ふ頭客船ターミナル、横浜赤レンガ、MARINE & WALK YOKOHAMA、泉陽興業、横浜グランドインターコンチネンタルホテル、横浜ベイホテル東急、横浜ロイヤルパークホテル、横浜港大さん橋国際客船ターミナル、コカ・コーラ ボトラーズジャパン、横浜高速鉄道、NEXT STAGE、Music & Aroma Intelligence、クリエイティブ・ライト・ヨコハマ実行委員会、横浜国際平和会議場（パシフィコ横浜）、公益財団法人横浜観光コンベンション・ビューロー
＊ 令和元年度 横浜クリエーションスクラム助成事業

ということで、レストランの営業時間を夜12時までにしてもらったり、クルーズ船を夜間に運航したり、地域で連携して土曜の夜を盛り上げようというイベントです。

こうして地域と連携していく場面がこれからも増えると思います。みなとみらい21地区は、既にKT Zepp Yokohama（スタンディング時2146人収容）もありますし、この後、2万人規模のKアリーナ横浜も完成します（2023年秋完成予定）。

今、世の中は大きくエンターテインメント志向、モノからコトへという大きな流れになってきていますよね。そういった中で、横浜のみなとみらい21地区は非常に象徴的な地域になっていくんじゃないかと思っています。

——横浜については、市とも連携しながら地域活性化にも関わっていくことになりそうですね。ほかにも、エンターテインメントで地域を盛り上げたいと考えている自治体はたくさんあります。そういった自治体から相談を受けたりすることはありますか。

矢内　そうですね。行政の方ともよくお話をするのですが、まず「今、地方創生の時代だから」みたいなところから始まるわけです。でも「なぜ地方創生をしようとしているんですか？」と、動機を掘り下げていくと、意外にもちゃんと会話が成立しないことが多い。「こういう予算が組まれていますから」とか、そういう話になってしまうんですよね。せっかくある程度の予算が確保されているわけですから、「あなたのポジションだったら、本気になればもっといろんなことができるのに」って、そう思うわけです。

これは行政のプロジェクトでも民間のプロジェクトでも言えることだと思うのですが、ある種の哲学を持って、本当にこうありたいとか、こうあるべきだと強く思って、枠を超えていこうという行動意欲のある人が中心に一人いれば、いろんな人が集まってきて、ものごとが動き出していくんです。

——一人の中心人物の引力が、引き寄せてくるわけですね。

矢内 そう、引力なんです。もちろんお金がなければできないこともありますが、お金だけでもできないですよね。真ん中に誰かそういう、意思を強く持った、行動力、実行力のある人がいれば、動くと思いますよ。

矢内氏へのインタビュー実施後、新型コロナウイルス感染拡大により、ライブ・エンターテインメント産業は大きな痛手を受けました。これを受け、ウェブでの初出時（2020年4月30日）には矢内氏による緊急メッセージ「新型コロナで打撃を受けた舞台芸術を立て直すために」を掲載しました（現在も掲載中。QRコードよりアクセスできます）。メッセージから、矢内氏の舞台芸術への思いを感じ取ることができるでしょう。なお、2020年のライブ・エンターテインメント市場規模は前年比82・4%減の1106億円にまで落ち込みましたが、ぴあ総研では最短で2023年にもコロナ禍前の水準にまで回復すると予測しています。

（写真：加藤康）

ファッションブランドで途上国の経済自立を目指す

12

マザーハウス代表取締役社長兼チーフデザイナー
山口絵理子 氏

山口絵理子氏は、「途上国から世界に通用するブランドをつくる」をミッションに成長し続けるファッションブランド、マザーハウスの創業者です。先進国の多くのアパレル企業が「下請け」や「社会貢献」としてしか考えてこなかった途上国とのビジネスシーンにおいて、山口氏は現地の素材を見出し、現地で生産し、デザインと品質を磨くことで、従来の枠組みを超えた高付加価値ビジネスを途上国で創造・確立しました。

2020年7月には、使わなくなった自社製品を回収・解体して新たな商品に仕立て直す「ソーシャルビンテージ」をスタート。さらなるサステナブルな製造小売りサイクルの確立に挑んでいます。

（初出：2020年10月5日）

山口絵理子（やまぐち・えりこ）

マザーハウス代表取締役社長兼チーフデザイナー

1981年埼玉県生まれ。慶應義塾大学総合政策学部卒業。ワシントンの国際機関でのインターンを経てバングラデシュBRAC大学院開発学部修士課程修了。2年後帰国し「途上国から世界に通用するブランドをつくる」をミッションとして、2006年に株式会社マザーハウスを設立。現在、途上国6カ国（バングラデシュに加え、ネパール、インドネシア、スリランカ、インド、ミャンマー）の自社工場・提携工房でジュート（黄麻）やレザーのバッグ、ストール、ジュエリー、アパレルのデザイン・生産を行う。国内外41店舗で販売を展開（2022年5月1日時点）。世界経済フォーラム「Young Global Leader（YGL）2008」選出。ハーバードビジネススクールクラブ・オブ・ジャパン アントレプレナー・オブ・ザ・イヤー2012受賞。著書に『裸でも生きる』『裸でも生きる2』『裸でも生きる3』（いずれも講談社）など。

——山口さんは創業以来、「途上国から世界に通用するブランドをつくる」という理念の下、発展途上国の素材を使い、現地生産することにこだわったSPA（アパレルの製造小売業）を展開してきました。途上国を豊かにしていこうと思うようになったのは、どのようなきっかけがあったのですか。

山口　大学（慶應義塾大学総合政策学部）のときに、竹中平蔵先生のゼミで「経済成長理論で途上国が豊かになるためには教育が必要」というシンプルなことを教えていただいたんです。それで、途上国の教育を支援するために国際機関とか国連といった組織で働くことが私の夢になりました。

これは本[※1]にも書いてあることですが、私は小学校のときにいじめに遭って学校に行けなくなったことがあって、それで教育システムを何とかしたいという思いを持っていました。でも、途上国には社会システムが原因で学校に行けない子どもが何億人もいることを知り、国内よりも途上国の教育システムを良くしたいと思うようになりました。

そんな思いから、ワシントンの国際機関でインターンとして働いたりしていたのですが、支援が行われている現地を知るべきだと考え、バングラデシュの大学院に進みました。

当時のクラスメートたちは本当に優秀だったんですが、職がない。大学院を出ても、2年も3年もの間、みんなずっと就活をしているんです。それで「学校をつくる以前に、働き口をつくりたい」と思うようになりました。

そんなときに、ジュート（黄麻）という麻の素材に出合ったんです。バングラデシュの大学院にいた頃、商社でインターンをしていたのですが、そこでの仕事で展示会に行ったときにボロボロのバッグが目について。それがジュートのバッグだったんです。調べてみると、バングラデシュはジュートの世界有数の生産国で、二酸化炭素の吸収が多いなど環境にやさしく、耐久性も強い。この素材でかわいいバッグをつくっ

※1　山口氏の最初の著書『裸でも生きる』（講談社）には、波乱に満ちた起業までのストーリーが綴られている。小学校でいじめを受け、中学に入ると不良グループに加わる。柔道に出合い男子に混ざってハードな練習漬けの日々を過ごした高校時代。そして、一念発起して入学した大学で開発経済学と出合い、米国の国際機関でインターンに。そこで途上国援助の在り方に疑問を感じ、たった一人でバングラデシュに乗り込み起業するも、現地の人にだまされ、裏切られ……。本気でやりたいことをやり続けてきた山口氏の強い気持ちが伝わってくる一冊だ

て途上国のブランドを立ち上げよう。そう考えて起業しました。

デザインは形が3割、素材が7割

――2006年にマザーハウスを設立して以来、途上国の素材を使うということを大切にしています。山口さんの「素材」に対する思いをお聞かせください。

山口　商品をデザインするとき、「形をつくる」というのは多分私の中では3割ぐらいなんですよ。「素材をつくる」という部分が7割です。その商品が売れるかどうかは、もう断然、素材の力が大きい。小手先の装飾ではないんです。「この素材面白いね」とか、「何か触り心地が柔らかいね」とか、そういう部分が大きいですね。今はバッグだけでなく、ジュエリーや洋服も扱っていますが、素材の違いって、お客様に直感的に伝わるんです。

――まず素材がちゃんとしていないと駄目なんですね。

山口　新技術でつくった素材を使ってヒットした商品は、ロングセラーになる傾向が強いんです。なので私は、加工の自社工場にいる時間より、なめし工場にいる時間の方がずっと長いんですよ。当社にはグラデーション・カラーのレザー商品※2があるんですが、技術者を二人雇って、バングラデシュのなめし工場を内製化して、私たちの仕事だけに集中してもらって、やっとできるようになりました。

ジュートという素材※3も簡単ではありません。気候が違うとそのたびに繊維の色が変わって、同じ「生成り（きなり）」と言ってもベージュだったりグレーだったり、色がぶれてしまうんです。なので、毎年レシピ

※2 内製化した工場で試作を繰り返して生まれたグラデーションのレザー財布「IRODORI」（写真提供：マザーハウス）

※3 コーヒー袋などに使われる安くて丈夫な素材だったジュートを磨き上げ、独特の風合いを持つバッグに（写真提供：マザーハウス）

を改良しています。「ほかにある素材じゃないわね」と言って買ってくださる方がいるから、それをやるわけです。競争力って、こういうところから生まれるんだと思っています。

コロナ禍で新作をつくれない中で考えたサステナビリティ

――自社商品のケア・修理・回収を行うサービス「ソーシャルビンテージ」※4を2020年7月にスタートさせました。中でも、ユーザーが使わなくなった商品を回収・解体して、そこから別の新たな商品をつくるというサステナブルな取り組みは、マザーハウスにとって新たな挑戦といえます。今回、どうして回収サービスをスタートさせようと思ったのですか。

山口　新型コロナウイルスの感染拡大で、2020年の2～3月頃から、私たちは新作がつくりたくてもつくれないという状況になっていました。当社の生産地は途上国6カ国なのですが、すべての国がロックダウンされてしまっていたので……。

3月というのは、新作を投入する時期ではあるんですが、一方で私自身としては「買い物どころじゃないよ」とも思っていました。お客様もそんな心情なのだとすれば、「新しい買い物」ではなく、今クローゼットにあるものを新しく活用して何かできないだろうか――。そんなことを考えていました。

同時に、私たちは40店以上の直営店舗を持っているので、以前からとても多くのお客様とのインタラクション（相互のやり取り）があります。「マザーハウスのバッグは20個も30個も持ってます」とおっしゃる方もたくさんおられます。そして、そんなお客様たちから「次のバッグを買いたいんだけど、もうクローゼットがいっぱいだから……」という声を何度も聞いていたんですね。「買いたいけど買えない気持ち」

※4 「ソーシャルビンテージ」サービスから生まれた「RINNE（リンネ）」シリーズ。ソーシャルビンテージは、バッグをきれいに使い続けるための「ケア」、経年劣化で発生するほつれや破れを修理する「修理」、そして使われなくなったマザーハウスのレザーバッグの「回収」という3つのサービスの総称。回収は同社では初の試みとなる。そして、回収されたバッグを解体した部材などを再利用して生まれ変わった商品のブランド名が「RINNE（リンネ）」だ（写真：加藤康）

みたいなものがお客様にはあるんだな、と思っていたんです。

それからもう一つ、マクロ的に「これからのファッション業界はどうなっていけばいいんだろう」ということも、すごく考えたりしていたんですよね。

（ファッションの本場である）フランスなどでは、サステナブルということが既に一つのキーワードになっています。ただ、売り手はサステナブルと言ってはいるけれど、つくっている途上国の工場では環境についてあまり意識されず、廃棄物をかなり出しているということがあったり……。これでは一般の消費者も、やっぱり疑問を抱きますよね。

なので、私としては「つくった人がきちんと最後まで責任を持つサイクルって何だろう」ということを考えていました。「その商品の終わり方まできちんとデザインできるはず」と、ずっと思っていたんです。

――いろいろな角度で日頃から考えていたことが結び付いて、回収サービスにつながっていったわけですね。

山口　私は「先が見えにくいときは、自分自身が感じることに従った方がいい」と思うタイプなんですね。コロナ禍の中で、私としてはやっぱり「お客様のクローゼットがいっぱいになってしまって、もう使わなくなった商品のその後のことも考えたい」と思ったんです。

回収事業でお客様の愛着のバトンをつなぐ

――商品のケアや修理については、マザーハウスでは以前から手掛けていました。

山口　私たちは今まで、店舗でかなり徹底してケアをしてきました。「レザーが傷つくのは当たり前。商品がお客様に渡った後も責任を持つのは当たり前。だから無料でケアしよう」ということでやってきたんですが、「ケアだけでは駄目だ」とも思っていたんです。実は回収にトライしたこともあったんですが、解体コストがめちゃくちゃ高くて、そのときは断念しました。しっかりつくればつくるほど、解体するにはすごい力が必要になるので、コストも高くなってしまうんですね。

――それが今回、どうして可能になったのでしょうか。

山口　国内のある修理工場にお願いしたら、すごく上手に解体できたんです。私はよく工場に出ているので何となく分かったのですが、直すことと解体することって、非常にスキルが似ているんです。新型コロナの影響で、百貨店などからの修理の仕事が減っていたこともあって、（その修理工場に）仕事を請けてもらうことができました。

まず事務所にあった不良品の在庫を10個ほど修理工場に送りました。それで、解体時間を計算してください、解体コストを出してくださいとお願いしたんです。それと並行して、私は解体されたパーツからつくるリメイク商品のデザインを型紙に起こして、工場に渡したんですね。そうしたら、できたものが、あまりにもかわいくて（笑）

――あまりにもかわいかった、と（笑）

山口　はい。それで、これはいけるんじゃないかということで、5月から回収キャンペーンを始めたんです。すると私たちのところに不要になったバッグや、使わなくなった私たちの在庫も含めて、1000個ぐらい集まりました。修理工場もすごく一生懸命に仕事をしてくれて、全部解体して、パーツごとに素材を段ボールに入れて、色ごとに仕分けていって。で、配色がすごく重要なので、そこは私が指示を出させてもらって、バッグと小物が出来上がりました。

このときに私が一番感動したのは、お客様が商品を戻してくれるときに、その商品の入った段ボールには、必ずと言っていいほど手紙が一緒に入れてあるんですよ。このバッグをどこで、どの店員さんから買って、このバッグで娘とあそこに行ったんです……みたいな思い出がぎっしりで。「だから絶対メルカリに出したくなかったんです」って書いてある（笑）

ほかにも、「このカバンで就活頑張りました」とか――。ああ、これはもう、お客様の愛着のバトンを一生懸命つないでいきたいな、と思いました。

――それぞれストーリーがあるわけですね。

山口　本当にそうなんですよ。すごく泣けますよ（笑）。商品を売っている意味について、つくっている意味について、本当に考えさせられました。手紙はスキャンして（途上国の）工場にも送ろうかなと思っているんです。翻訳も付けて。工場でもきっとモチベーションが上がると思っています。

デザイナーとしても売り上げにはこだわりたい

――「ソーシャルビンテージ」は、素材や出来上がった商品へのこだわりがあったからこそ、生まれた企画といえそうです。

山口　バングラデシュのジュートという素材で、かわいいバッグをつくって売りたい――。私は、そんなふうにモノから入って起業をしたので、それはありますね。コロナ禍もモノが突破するんじゃないかって、信じているところがあるんです。

――「モノで突破」ですか。

山口　苦しいときはいつも、工場に何か答えがある気がしていて――。やっぱり私は需要を喚起するサプライヤーの力をすごく信じているんです。それは商品になったジュートのバッグを見たときの感動だったりだとか、多分そういったところからきていると思うんですけど。

コロナ禍のこの時代、確かにコスト削減とかいろいろな努力は必要ですが、「最後は面白いものがつくれるかどうかだ」といつも思っています。だから私はデザイナーという肩書と経営者を一緒にやっているんです。

――デザイナーと経営者、どのようにバランスを取っているのですか。

山口 むちゃくちゃ難しいんですよ。先輩を見つけたいなと思っているんですけど、なかなかいらっしゃらなくて……。

コストのことはどうしても考えてしまいますし、生産効率も重要です。けれど、それを考えながらデザインをするのは非常に難しいなと思っていて、経営者を辞めてデザイナーに専念したいと思ったことは何度もあります。

それでもやっぱり、デザインしたモノを届けられるかどうかは、お店のお客様の目の前まで動線を引けるかどうかにかかってくるんです。そう考えると、私は売り上げにはこだわりたいんですよね。

――売り上げを伸ばすには、経営やマーケティングの要素が必ず入ってきますよね。

山口 そうなんです。で、そうなってくると、お店の空間づくりにも口を出したいし、そのお店に立つ人の採用も非常に重要になってきます。お店には笑顔がすてきな人に立ってもらいたいですし、その人が愛着を持ってバッグを売ってくれるようになってほしい。すると、「理念研修をしましょう」といった話にもなってくる。最近だと、SNSの文章一つひとつにちゃんと愛がありますか？　みたいなことも大事ですし。

（先に触れたように）サプライヤーの力をすごく信じているというのは確かです。でも、売り上げを伸ばすためには、デザインの努力だけでは届かないことがたくさんあるんだということも感じています。そ

う思えるようになって、経営もちょっと頑張れるようになりました（笑）

情報発信とデザイナーの育成が課題

――マザーハウスで今後ここを強化していこう、みたいなポイントはありますか。

山口　つくる・売る・伝えるという三つの大きな要素のうち、マザーハウスは「伝える」が一番弱い会社だなって、私は自覚しているんですね。

――そうなんですか？　山口さんは書籍を次々と出版したり、ウェブサイトでもメッセージをたくさん出していて、情報発信はかなり戦略的なのかと思っていました。

山口　今まで一生懸命利益を上げることだけに忙殺されてきたので、２００８年の「情熱大陸」出演から始まって、来たお話を受けるのに一生懸命なだけで何の戦略性もなかったんですよ。

それでもコロナ禍の中で、ウェブサイトでの売り上げを3倍ぐらいに伸ばせたんです。「伝える」ことについてもだんだん力強くなってきていて、ＹｏｕＴｕｂｅをはじめＳＮＳで連携してコミュニケーションを取っていこうとリーダーシップをみんなが取ってくれたり、商品の裏側を動画で表現できるチームができたりとか新しい動きも出てきています。けれどまだまだですね。つくる力に比べたら、伝える力は10分の１ぐらいです。

――それがつくる力と同レベルになってきたら、ものすごい情報発信になる、と。

山口 そうです。システムも含めて「伝える」という部分は本当に弱いです。だから、これからの投資は「伝える」に関するところに重点を置きます。人も採っていきたいと思っています。

それともう一つ、デザイナーの育成という面も、できていません。

――そこは今後、どうしていこうとお考えですか。

山口 このコロナ禍を機に、「次のデザイナーを育成するぞ」と思いまして、バングラデシュの250人の工員たちに向けて「みんなデザイナーになろう」という企画をやったんですね。ツーウエイのバッグを企画するという課題で、絵を描いて私に提出するようにしてもらったんです。工場が動いていなくて彼らは家にいたので、職人なので手が鈍らないように、ということもあったんですが。

――絵の出来上がりはどうでしたか。

山口 みんなから上がってきた絵が思っていた以上にすごく良くて――。もし現地でデザインを担えるような人が出てきたら、それが一番理念に近いかなと思っています。

起業家と経営者の資質は全然違う

――最後に、創業から毎年売り上げを伸ばし、現在、国内約250人、グローバルで約700人のスタッフを抱える企業にまでマザーハウスを成長させた山口さんから、起業家を目指す人たち、あるいは、新しいことに取り組もうとしている人たちにメッセージをお願いします。

（写真：加藤康）

山口　やっぱり重要なのはコンテンツだと思っています。方法が起業であって……。
　今、起業って資金が全然なくてもできるじゃないですか。でも、その後に乗り越えるべきハードルの数々を考えると、「何を達成したいか」ということが相当重要になります。私について言えば、理念がなければハードルを越えてここまで来ていません。
　それと、創業者のキャラクターを途中で変換していかなければ、10年以上続けるのは本当に難しいと思う。創業者、起業家のスピリットって、経営者のそれとはちょっと違うと私は思っているんです。

――そのあたり、もう少し詳しく聞かせていただけますか。

山口　起業家のスピリットというのは、ゼロをイチにすることの快感と渇望がむちゃくちゃ詰まっているわけです。でも、それが今の時代、日本の会社を引っ張っていける経営者の資質なのかというと、全然違います。組織にゼロ・イチの人材は必要ですけど、そういう人が経営をしてしまうと、非常に居心地の悪い、むしろギスギスした組織になってしまうと私は思っています。

自分自身としては、いろんな人が辞めていったときに「ああ、なるほど。私の温度感ってみんなと違うよね」ということを客観的に受け止められるようになって、そのことを実感しました。

世の中には家族と仕事を両立したい人たちがたくさんいて、そういう人たちが5時に帰りたいという気持ちを、私が理解しなきゃいけないと思ったんです。それで評価制度を抜本的に変えたりなど、手を付けていきました。

でもそれは、（途上国の工場でつくった）モノを届けるためには、自分が変わらなきゃいけないと思ったからやったことなんです。そのビジョンがなければ、私はそんなことはやりたくなかったと思います。

――ビジョン実現のためには、起業時とはまた別の動き方をしなくてはいけない、と。

山口　そうですね。そのときの私の変換については、山崎（大祐・副社長）の助けもあってうまくできたなと思っています。

そうかといって、ゼロ・イチのスピリットをなくしてはいけないんですけどね。だから私は、途上国に行ったときはちゃんとスイッチを入れて〝起業家〟になっています。

――サステナブルな経営者になろうと思うなら、起業家とはまた違った能力を磨かなくてはいけない、と。

山口　本当にそう思います。自分と数人のコミュニティだけだったらいいんですけど、１００人以上をマネージする経営者になりたかったら、「発想がいい」であるとか「アイデアで突破」といったことだけでは絶対に難しい。

今後、企業規模をさらに拡大していこうとするときに、多分、何か課題が出てくるだろうと思っています。そのときに私はまた、何か変換をしていかなくてはいけないだろうと感じています。

（写真：水野浩志）

13

「コミュニティデザイン」を普及拡大

studio-L 代表

山崎 亮 氏

日本に「コミュニティデザイン」という言葉と概念を定着させたのがstudio-L代表の山崎亮氏です。

地域の人が地域の課題を自分たちで解決するために、人と人がつながる仕組みをデザインする――。山崎氏は、つながりをつくるコミュニティデザインという仕事、コミュニティデザイナーという職能を世に知らしめました。「楽しさ」こそが持続可能性を高めるという山崎氏の考えは、高齢化が進み経済成長が鈍化したこれからの日本における地域づくりの在り方を先取りしていました。そして、その考え方はこれからますます重要になっていくでしょう。

（初出：2022年3月22日）

山崎 亮（やまざき・りょう）
studio-L 代表
1973年愛知県生まれ。大阪府立大学農学部にて増田昇に師事（緑地計画工学専攻）。メルボルン工科大学環境デザイン学部にてジョン・バージェスに師事（ランドスケープアーキテクチュア専攻）。大阪府立大学大学院（地域生態工学専攻）修了後、SEN環境計画室勤務。三宅祥介からデザイン、浅野房世からマネジメントを学び、2005年にstudio-Lを設立。地域の課題を地域に住む人たちが解決するためのコミュニティデザインに携わる。慶應義塾大学特別招聘教授。主な著書に『コミュニティデザイン』（学芸出版社）、『ソーシャルデザイン・アトラス』（鹿島出版会）、『縮充する日本』（PHP新書）、『ケアするまちのデザイン』（医学書院）など。

――コミュニティデザイン、そしてコミュニティデザイナーという言葉は、山崎さんによって広く世に知られるようになりました。山崎さんが「コミュニティデザイン」という分野に特化した仕事を始めた経緯を教えてください。

山崎　僕はもともと公共建築、公共施設の設計に携わる仕事を学んで、就職先もそうした会社でした。公共施設の中でも公園の設計の仕事がすごく多かったんです。そのことがコミュニティデザインの仕事に進むきっかけになりました。

その事務所で働いているときに疑問に感じたことがあって――。それは「誰の意見を聞いて設計を進めればいいんだろう」ということです。公園の場合、どこの市役所から呼ばれても公園緑地課長の話を聞くということになります。課長が「噴水が欲しいよね」といった話をすれば、「分かりました、噴水ですね」ということで設計が進んでいくわけです。

でも、「この課長はこの公園をよく使う人だっけ?」みたいなことがやっぱり気になってしまう。それで、よく聞いてみるとその課長は隣の町から通勤してきていたりして、そうなると「この人、(この公園を)絶対使わないいな」みたいな気持ちになるわけです。そういったことがどうしても気になってしまって……。

そうではなく、公園のユーザーになるであろう地域住民の方々に集まっていただき、ワークショップを開催して、その人たちの意見を設計に反映させる――。そういうことをやらないと本当にユーザーの話を聞いたことにならないだろうし、デザインもみんなが使いやすいものにならない。そんな問題意識がありました。

ワークショップを開いて地域住民の意見を聞いた施設は、結果的には使いやすいデザインになる。良いデザインになります。ただ、それよりも僕は、ワークショップを経た方が、地域の方々がその空間に愛着を持つようになるだろうと思ったんですね。「私が提案したからここにベンチがある」とか、「このアイデアは私が出したものだ」とか、地域の方々がそういう気持ちになれるというのは大切だと思いました。なので、公園をつくるときには必ずワークショップを開いて、100人、200人の地域の方々に来ていただいて、「あの土地に新しい公園ができますよ。公園ができたら皆さんはどんなことをやりたいですか」みたいな話をするようになりました。

僕は1999年に設計事務所に入社して、2005年までの間の6年間、特に後半部分はワークショップばっかりやらせてもらって、それを設計に反映させるということをやっていました。そうした中で、もうワークショップだけを専門にやる会社みたいなのをつくってもいいんじゃないかと思うようになっていったんです。

――新しい分野での独立というのは、勇気が必要ですよね。

山崎　引き合いがかなり多かったということがありましたし、世の中を見てみると、設計事務所がワークショップをやることはあるんですが、ワークショップの部分だけを担当する事務所はそんなに多くなかったんです。あったとしても、公園なら公園だけといったように、ある分野に特化したところが多かったんですね。

僕は幸いなことに、その事務所で教育、医療、福祉に関するワークショップにも携わらせてもらっていました。そこで気付いたのが「あれ？　世の中には確かに公園のワークショップに特化した事務所はある。都市計画だったら計画づくりにまつわるようなワークショップばかりやっているところもある。だけど、教育とか医療、介護、福祉、都市計画、まちづくり、公園、公共施設など、ワークショップの部分だけを何でも全部やりますという事務所はあまりないな」ということでした。それで2005年に設計事務所を辞めて独立して、studio-Lというワークショップだけをやる会社をつくったんです。

一つのコミュニティに3年以上は関わらない

山崎　その後16年間ぐらい、コミュニティデザインの仕事をしてきましたが、その中で気付いたのは、将来のユーザーの話を聞きながら、設計にそれを反映させていくということをやっていくと、良い設計になるというだけではなくて、実は出来上がった空間の中で何か活動してくれる人たちが出てくるということです。

どういうことかというと、意見を出してくれている人たち同士が仲良くなっていくんですね。それで、夜に飲みに行ったり一緒にご飯を食べに行ったりということになって、徐々に「公園が完成したら私はここで何かやりたい」みたいな話が盛り上がっていったりするんです。

——その人たちが担い手になっていくわけですね。

山崎　そうですね。これって大きく見れば市民活動を生み出しているわけです。最初の頃は、設計のためのワークショップを1年間やったら仕事は終わり、と思っていたんですけど、どうもそうではないな、と。1年ワークショップをやってくれた方々に、さらにそこから工事期間中はチームビルディング（組織化）をしていくようにしました。要するに、工事して建物をつくっている時期に、それと同時に人間のつながりも工事してつくっていく。両方セットで進めていくと、建物がオープンしたときには、その公共施設で

「ようこそ」と言ってくれるチームがいるという状態をつくることができる。そこで僕らは、1年間だけじゃなくて2年目も関わりましょうということになっていきました。

そんなふうに2年目も発注してくれた自治体には「3年目もやりましょう」と提案しました。活動し始めた人たちが、僕らがいなくなっても活動をずっと続けていくための教育だったり仕組みだったり財源だったりを整えて僕らは消えていかないといけないんです。「もういいだろう」とも言われることもあるんですが、今は大体、3年間を1セットで発注してもらうようになってきました。1年目は設計、あるいは計画とかをつくるための意見集め、2年目は意見を出した人たちの組織化、そして活動起こし、3年目はその活動が継続するための仕組みづくり。ここまでやったら僕らは去っていきます。

——逆に、3年以上は関わらないと山崎さんは発言されていますね。

山崎　「ずっと関わりますよ」と言ってしまうと、地域の方々が学ばなくなってしまうんです。うちの事務所のスタッフたちが便利に小間使いのように動いてしまうので……。「studio-Lさん、私の名刺をデザインしてもらえますか?」とか頼まれると、スタッフはうれしいので、ちょっとおしゃれな名刺のデザインを「3案出します」とか言って出してしまったりするんです。それで、出来上がるとみんな喜んでくれる。そうするとうちの若いスタッフなんかは、ますますうれしくなっちゃうわけです(笑)

そういったことをずっと続けていたら、結局、住民の人たちは何もスキルが上がっていかなくなってしまいます。最初に3年でいなくなると伝えて、どんなに喜んでもらっても住民の人たち自身で動き出すという形をつくらないと、僕たちがいなくなった後に活動が止まってしまうということになりかねません。なので、「3年」という区切りは強く意識するようにしています。

（写真：水野浩志）

――ワークショップはどのぐらいの頻度で開くのですか。

山崎　最初のうちは2週間に1回ほど、僕らが行くワークショップを行います。次のワークショップまでの間には、本人たちだけで集まる会も開いてもらっています。僕らが行って彼らだけで集まって、また僕らが行って彼らだけが集まってということで、最初のうちは週に1回ぐらい、皆で会っていると思います。

――そのぐらい会えば仲良くなれそうですね。メンバーは顔見知りの人が多いのでしょうか。

山崎　お互いを知らない人が多いと思います。100人ぐらいの会場の中で知っている人が5、6人いる程度という人が多いのではないでしょうか。そこで同じチームになった人は知り合いばかりというわけでもないですしね。むしろ知り合いではない人と新しく活動がしたいということでワークショップに来ている人もいます。

「楽しい」というモチベーションがないと続かない

――山崎さんは、ワークショップについて「楽しんでやる」ということを重視していますね。

山崎　人間が何かをやろうと思うときのモチベーションって、何種類かあると思うんです。まず、「給料をもらっている」ということがあります。でも、ワークショップに来る方々は、給料をもらって仕事としてやるわけじゃないですよね。そこで、どういう〝報酬〟を脳に対して与えなくてはいけないのかを考えると、やっぱり「楽しい」という報酬がないと次もまた来ようとは思わないですよね。

――まずは楽しくなければ、と。

山崎　ただ、楽しければいいのかというとそれだけではなくて、脳への報酬として知的なことを得ることで満足する人もいます。それは例えば、新しいネタだったり自分の生き方の指針となるようなことだったり、あるいは家族にちょっと自慢げに語れるようなトリビア的なことだったりでもいいんですが、そういったことから「何かいいこと知ったな」という満足感を得るわけです。

なので、感覚的には、「楽しい」を7割、「いいこと知ったな」を3割、ワークショップの参加者に渡さなくてはいけないと意識しています。

あと、この7割の「楽しい」の中には「おいしい」という要素も入っていると思っています。なので、そこに来たときに食べることができるちょっとしたおやつとか飲むことができるドリンクとかが、オーガニックなクッキーだったり、自家製のレモネードだったりしたらとてもいい感じですよね。それがスナック菓子にペットボトルの飲み物だったら、「楽しい」がちょっと減じてしまう気がします。

――その「楽しい」の要素としては、知り合いができる、仲良くなれるということも大きいのではないでしょうか。

山崎　その要素が占める割合は大きいと思いますね。7割の楽しさのうち、僕らはどのぐらい提供できているんだろうと考えると、初期の頃は4割ぐらい僕らがつくる楽しさかもしれません。山崎というやつが楽しいことを話していたりとか、あるいはその中のプログラム自体がちょっと集中できたりとか、何か物をつくってみたりして楽しかったりとか、そういったことがあるでしょう。残りの3割ぐらいが「同じテーブルに着いた人たちと出会って楽しかった」というところだと思います。

これがワークショップの後半になってくると、僕らから提供できる楽しさはかなり減ると思いますね。7割のうち2割ぐらいでしょうか。残りの5割は、同じチームのメンバーがお互い打ち解けて仲良くなって、楽しさをつくってくれているような気がします。

――そうなっていかないといけないわけですね。

山崎　そうです。いつまでも僕らが楽しませていては、エンターテイナーのような感じになってしまうので……。それだと「お金を払って誰かに楽しませてもらう」という、いわゆる依存型の消費社会に近づいていってしまう。そうではなく、自分たち同士で楽しみを生み出したり、楽しさを感じたりできるようになることが大切なんじゃないかなと思っています。

経済をいかにクリエーティブに小さくしていくか

――コミュニティや賑わいなどをつくるときに、「稼げないと地域コミュニティは持続できない」という考え方があります。ただ、山崎さんはそうではないですよね。「依存型の消費社会ではいけない」という考え方ともつながっているのでしょうか。

山崎　僕は「楽しい」ということが持続可能なコミュニティをつくると思っています。けれど、どうして「稼げないと楽しめない」ということになるのでしょうか。何かちょっとでも楽しいことをやろうと思うと、お金がかかるって僕らは思い込んでいるんですよね。

例えば、出先で次の打ち合わせまでの間が2時間空いて、どうしようってなったときにカフェにいくとお金がかかります。映画でも見ようかとなればもっとかかります。でも、こんなふうに人生の時間を埋めるためにお金がかかるなんていうことを考え始めたのは、高度経済成長期以降のここ70年ぐらいのことではないでしょうか。

ヘンリー・デイヴィッド・ソロー（米国の思想家、1817-62年）は、ハーバード大学を卒業してしばらくすると、ウォールデン（米国マサチューセッツ州）という池のほとりに自力で小屋を建てて、その小屋に2年と2カ月と2日のあいだ住んでみました。ソローは毎日どれぐらいお金を使ったか、毎日何をやったかという日記をつけて、それを『森の生活』という本にまとめています。

ソローは、コーヒーも紅茶も飲まないと決めたんですね。これは象徴的なんですけど、いずれもお金がかかる嗜好品である、と。私が飲むのは水だけだ、水が一番おいしいというわけです。ソローは遊ぶときも、図書館に行って本を読む、自分で木を切ってつくった舟を池に浮かべて遊ぶ。それから、豆畑の雑草を抜くときにはギリシャ神話の敵と戦っているかのように抜いていくんですよ。「やっつけろ、根っこを日にさらせ」とか言って、1日楽しんで寝るわけです。ソローは、我々が生活するために働かなくてはいけない時間は1年に約6週間だと言っています。週1日にも満たない日数です。

なので、ワークショップで僕は、住民の方々に「稼げるまちづくりをしましょう」とは、自分の良心に誓って言えるかというと、言えないんです。なるべく無駄遣いをしないようにしましょうとしか言えない。楽しいと思える人たちと知り合って、自分たちが楽しいと思える活動を、なるべくお金を使わないようにやりましょう。人生の時間を消費で埋めるのではなく、コミュニティ活動で埋めていきましょう、としか言えません。

例えば、1袋1500円ぐらいするようなちょっといい感じのフェアトレードのコーヒー豆を2袋ほど買ってきて、手回しのコーヒーミルでガリガリやれば、ずいぶんたくさんの人にコーヒーを振る舞えると思うんですね。

こんなふうに3000円でコーヒーをみんなに振る舞うことができて、その中に、私も同じ趣味なんですよという人や、何かあったら今度はうちに来てくださいと言って連絡先を交換してくれる人が一人か二人いて、1日6時間ぐらい楽しめた——。コーヒーを振る舞う側の人たちが楽しいだけじゃなくて、来た人たちも楽しかった。それだけでなく、つながりが生まれるかもしれないんです。だから、たくさんのお金が回らなくていいし、莫大に稼げなくていいんです。経済をいかにクリエーティブに小さくしていくかが、僕らの生活を豊かにしていくことにつながるのかもしれない——。僕はそれでいいんじゃないかと思います。

――ワークショップでは、そういった話をしているのですか。

山崎　ある施設のワークショップでは、参加者の皆さんがいろいろなことをやってくれたんです。音楽を演奏するチームがいたりとか、ダンスをみんなと一緒にやるチームがいたりとか、絵を描くチームがいたりとか、それぞれのチームが市民の方々をおもてなしするようなことをやったんです。その報告会で僕は感動したんですね。みんなめっちゃ楽しんでいるし、（来た人たちにも）めちゃくちゃ楽しんでもらっている。感謝されているだろうなということが伝わってきました。

だけど、ワークショップに参加している人たちは皆、周りの人たちから「そんなことをやって何が楽しいの？」って言われていると思うんです。で、「皆さん、何が楽しいのって言われるんじゃないですか？」という話をしたら、みんな小さく「うんうん」ってうなずいて（笑）

では、そういうことを聞いてくる人たちは何が楽しいのでしょうか。どこかへ旅行する、インスタ映えのするカフェに行って何か食べる、テーマパークに行く――。そういったことが楽しいのかもしれません。だけど、いろんなところへ行ってお金を使って楽しむということをしていたら、働く時間を少なくできませんよね。

そこで僕はこんなことを話しました。「皆さんが、もし本気でこれ（ワークショップでやっていたようなこと）が楽しいと思えるなら、もう人生ずっとこの変形版をやり続ければ大してお金はいりませんよね」「しかも、ここにいる人たち同士が知り合いになったら、皆が老後に2000万円もかからないで支え合える可能性は十分にありますよね」と。

「人々のつながりで支え合う」という個人と個人の関係をブチブチ切って、介護サービスや見守りサービスなどいろいろなサービスを購入してもらうというのが企業の戦略なわけです。でも僕たちがそこに乗

	対面ワークショップ	オンラインワークショップ
同期型	・従来のワークショップ。 ・日時を指定して会場に人が集まる。 ・アイスブレイク→話題提供→話し合い→全体共有→まとめ。これを1回分として、毎月1回開催。 ・ワークショップの間に宿題を出すことも。 ・話し合った結果を事務局がまとめてニュースレターなどを発行する。	・Zoomなどを用いたワークショップ。同じ時間帯にオンラインで集まって対話する。 ・オンラインアイスブレイク→話題提供→ブレイクアウトルーム→全体共有→まとめ。これをオンラインで実施。 ・毎月1回の頻度で開催。ワークショップの間に宿題を出すことも。 ・話し合った結果を事務局がまとめてニュースレターを配信する。
非同期型	・常に開いている場。特にテーマがなく、なんとなく地域の人が集まって会話できる。 例：こぢゃ倶楽部 ・2週間ずっと意見を募集し、その結果を事務局がまとめ、それを場に掲示し、次の2週間も意見を募集する。これを繰り返す。 ・自分の都合の良い時間に場へ行って対話したり、意見を残したりする。	・オンラインで参加登録。自己紹介動画などを撮影してアップ。 ・話題提供は事前に撮影した動画をYouTubeなどで配信。参加者は好きな時間に視聴する。次の1週間、その話題に対して各人が意見をウェブ上に残す。 ・集まった意見をまとめて、次の話題提供動画を撮影。これを配信し、その後の1週間も意見を募集する。 ・これを繰り返しながら意見をまとめていく。

※1「オンラインー対面」「同期型ー非同期型」を組み合わせてワークショップを実施した（資料：studio-L）

る必要は別にないですよね。なので「僕らはマイナーな存在だけど、自分たちが本気でこれが楽しいと思えるなら、自信を持ってこれからも続けていきましょう」という話をしています。

コロナ禍で広がったワークショップの幅

――今回このコロナ禍では、コミュニティデザイナーの「働き方」も変更を余儀なくされたのではないでしょうか。

山崎　かなりオンラインにシフトしました。「オンラインー対面」という軸、「同期型ー非同期型」という軸[※1]があって、それを使い分けています。

普通のワークショップというのは対面ー同期型です。〇日の夜7時に公民館に集まってくださいねということで、そこに集まって対面で話し合う。これをオンラインにしたとき、Ｚｏｏｍなどのミーティングツールでこの時間にアクセスして集まってくださいねという同期型だけではなく、非同期型でもワークショップができるようになりました。

――オンライン―非同期型というのはどのような手法でしょうか。

山崎　僕がしゃべった内容を録画しておいてＹｏｕＴｕｂｅなどの動画共有サイトにアップします。それを1週間公開しておいて、ワークショップ参加者に自分の好きな時間にこの動画を見てもらいます。そして視聴した参加者が感じたことをコメント欄などに書いてもらう。感想を見て、またさらにそれに返していくみたいなことを1週間ずっと続けます。そこで集まった意見をまとめて、その次の週、僕がまた動画を公開する。これを1週間ごとに何回も何回も繰り返すことでワークショップを進めていきます。また、新型コロナウイルスの感染拡大の状況次第で対面が可能なときには、対面のワークショップをやりながらＺｏｏｍで遠方からも参加できるという状態をつくりつつ、そこでの話を録画して非同期型のオンラインに持っていくというような組み合わせもできます。

ほかにも、対面の非同期型※2というのも最近始めたんですよ。ある会場で1週間ほど期間を取って、そこで映像や資料などを見られるようにしておきます。ワークショップ参加者は会場を開けている時間帯ならいつ来てくれてもいい。そして、来たら付箋に何か意見を書いてペタペタ貼っていってもらう。前の人が書いた付箋を見ながら、またそこに足していくみたいなこともできる。そういうワークショップのやり方も開発しました。

――新しい手法がコロナ禍の中で生まれたわけですね。ただ、対面―同期型でないと参加者が知り合ったり、仲良くなったりするのは難しいのではないでしょうか。

※2 対面－非同期型のワークショップ例

大阪府茨木市の新施設の設計に関する対面－非同期型ワークショップの様子。会場では新施設パースや模型を展示（上）したほか、これまでのワークショップの結果（左下）なども展示した。来場者は付箋に意見を書き、コメントボードに貼り付けていく（右下）（写真提供：4点ともstudio-L）

北九州市小倉で行ったNPO法人抱樸による「希望のまちプロジェクト」の対面－非同期型ワークショップでは、ラジオコーナーを設け会場の様子をYouTubeで発信したり（左）、カフェコーナーを設置し休憩しながら展示を見られるようにしたりするなど（右）の工夫も（写真提供：2点ともstudio-L）

山崎　その点は確かに対面－同期型が一番優れています。対面ではワークショップだけでなくいろいろな活動をしていくわけですが、その活動の準備から実行までを皆で一緒にやることで親しくなっていくわけです。この「やった」という感覚がすごく大事になるんですが、そういったことは非同期では全然できないですね。話し合いに特化すれば非同期でもできますが、参加者同士が知り合っていくには、集まって活動するということが欠かせません。

とはいえ、これまでは対面－同期型のワークショップだけだったので、この1年半で僕たちの〝武器〟が増えたとはいえます。

新事業に取り組むには「貧乏を楽しむ技術」が必要

――これから新事業や新しい価値づくりに取り組もうという人に対してメッセージをいただけますか。

山崎　「どこにビジネスチャンスがあるか」「今は誰も気付いていないけれども、これをやっておいたらみんながそれを欲しがって購入してくれるだろう」といった視点から事業を考えると、それがどんなにイノベーティブだったとしてもコモディティ化していくし、競合も絶対に出てきます。資本の論理でより大きな企業が参入してきますから、すぐに「じゃあ、次の狙い目はどこにある？」みたいなことを探し続けなくてはならなくなります。僕はあまりそういうのはお勧めしていません。むしろ、ものごとの本質、つまり「そもそもどうあるべきだったのか？」ということを考えることをお勧めしたいですね。

そのときにはまず、今の社会が正常だと思うのか、異常だと思うのかという、その立脚点を決めていくといいでしょう。もし今の社会が正常だと思うなら、新しくつくろうとするサービスは多分「どれぐらいニッチなところを探していけるか」ということになると思います。

でも、もし社会が異常だと思うのなら、この社会の中では異常者でないと正常になれないということですよね。僕は、今の社会は人間の本質として無理をしている異常な社会だと思っています。今の社会は、先ほども言いましたが個人個人の間のつながりを切って、すべてのサービスや商品を企業との関係性に変えていこうとしています。そうしておきながら人とつながるための出会い系サイトに何千円と払わせるというようなことが進んでいたりもするわけです。また、何かモノを欲しくさせるようなコミュニケーションであるとか……。

社会が異常なのだから、その社会の側から「変わっているね」とか「そんなことやっていて何が楽しいの？」と言われるぐらいの方が正常なんじゃないかと思うんですよね。そんな自分が「正常である」と思うような社会を思い描いて、今の異常な社会を照らしてみると、あちこちに「ここはおかしいな」というところが見えてきます。ただ、そうは言っても今の市場社会の中では小さくても一定のお金を回していかなければ生きていけません。ですから、その異常な社会で「ここはおかしいな」と思っているところのうち、どの部分を正す事業をやったら現段階ではお金になるのか——。そんなことを考えたらいいと思います。

それともう一つ、まず貧乏を楽しむ技術を最初に身に付けておいた方がいいんじゃないかなと思いますね。

——「貧乏を楽しむ技術」ですか？

山崎 僕がｓｔｕｄｉｏ-Ｌをつくったとき、1年目の所得は35万円しかなかったんです。それでも当時のことを思い出したら、もう楽しくてしょうがないんですよね。「どうやって晩ご飯をおごってもらうか」ということでしゃべる技術を身に付けたりとか（笑）。１カ月は30日あるわけですから、晩ご飯を30人におごってもらわなきゃいけないわけですよ。

で、来月もまた「山崎、一緒に飯食おうな」と言ってもらわないと、もう一人、別の誰かを探さなきゃいけないいわけじゃないですか。だから、１カ月に1回、こいつとはご飯食べたい、おごってやりたいと思う先輩とかを30人見つけて、キープしておかなきゃいけなかったんです。このときは、しゃべりだったり、情報収集だったり、それをアレンジしてどう面白く伝えるかみたいな技術は相当鍛えられました。

だから、大事なのは貧乏をいかにクリエーティブに楽しむかということですね。事業でそんなに多くのお金を生み出さなくても生きていけるんですよ。生きていけるんだから、正しいと思う方向でプロジェクトを生み出していくというのがいいんじゃないかと思います。

（写真：オリィ研究所）

14

分身ロボットで、「孤独の解消」に挑む

オリィ研究所　共同創設者　代表取締役　CEO

吉藤健太朗氏

吉藤健太朗・オリィ研究所代表取締役CEOは、「孤独の解消」を目指し、分身ロボット「OriHime（オリヒメ）」を開発。様々な理由から行きたいところに行けない人のためのコミュニケーション・ツールとして大きな注目を集めています。

オリィ研究所が運営する「分身ロボットカフェ」では、OriHimeの遠隔操作によって、寝たきりの人が接客したり、コーヒーをお客さんに届けたりすることができます。距離や障害を超えて人と出会い、社会に貢献できるようにするOriHimeは、様々な理由から動けない人々のQOL（生活の質）向上に寄与するでしょう。

（初出：2021年5月13日）

吉藤健太朗（よしふじ・けんたろう）
オリィ研究所 共同創設者 代表取締役 CEO
1987年奈良県生まれ。小学校5年から中学校2年まで不登校を経験。高校時代に電動車椅子の新機構の発明に関わり、2004年の高校生科学技術チャレンジ（JSEC）で文部科学大臣賞を受賞。翌2005年にアメリカで開催されたインテル国際学生科学技術フェア（ISEF）に日本代表として出場し、グランドアワード3位に。高専で人工知能を学んだ後、早稲田大学創造理工学部へ進学。自身の不登校の体験をもとに、対孤独用分身コミュニケーションロボット「OriHime（オリヒメ）」を開発（この功績から2012年に「人間力大賞」を受賞）。開発したロボットを多くの人に使ってもらうべく、株式会社オリィ研究所を設立。自身の体験から「ベッドの上にいながら、会いたい人と会い、社会に参加できる未来の実現」を理念に、開発を進めている。ロボットコミュニケーター。趣味は折り紙。2016年、Forbes Asia 30 Under 30 Industry, Manufacturing & Energy部門 選出。著書に『「孤独」は消せる。』（サンマーク出版）、『サイボーグ時代』（きずな出版）がある。

※1　分身ロボット「OriHime（オリヒメ）」。H23cm×W約17cm（腕を畳んだ状態）×D約11cm。手の動きや、能面を研究してつくられた顔の動きなどで感情表現ができる。写真は受付で稼働するイメージ。OriHimeのパイロット（操縦者）は、在宅環境から遠隔で接客する（写真：オリィ研究所）

——吉藤さんは、「孤独の解消」をミッションとして、分身ロボット「OriHime（オリヒメ）」※1を中心とした事業を展開してきました。「孤独の解消」というテーマやその事業化はいつ頃から考えていたのでしょうか。

吉藤　会社をつくろうと思ったのはずっと後なんですが、「孤独」という問題を自覚したのは中学校3年生の頃でした。私は10歳から14歳頃まで、3年半ほど学校に通えず、いわゆる不登校という扱いを受けていた時期がありました。とりわけ、中学校に入った頃には、天井を眺め続けるような生活で、このときは「本当に誰からも必要とされていない」と思ってしまうような状態でした。そんな非常に苦しかった経験がありました。

その後、私は役割を欲したんですね。恐らく世の中には、例えば学校の教室で、自分から友達に話しかけていって、友達を簡単につくることができるタイプの人たちがいる一方で、私のように（周囲と）全然話が合わなかったり、話しかけることによって失敗したりということがあまりにも多過ぎて、それがつらくて話しかけることができないタイプの人がいる。後者の人の中には、何でもいいから有用性を身に付けて、人から頼られることで社会性を身に付けようと考える人がいるんです。私はそのタイプで、工業高校に入って、人の役に立つためにものをつくろうとしていました。

その後、高専に入ってから、やっぱり友達は欲しいと思ったんですが、人間の友達は怖い。であるならばＡＩ（人工知能）の友達をつくろうということで、高専時代はその方面の研究をしていたんです。けれど、1年ぐらいやってみて「これは違うぞ。ＡＩとは友達になれない」と思いました。

そして、人間の友達をつくることが難しいのであれば、「それを克服するための福祉機器があればいい。今はそれがないだけである」と考えました。私は車椅子などの福祉機器をずっとつくっていましたが、車椅子が足の不自由な人にとって足の代わりとなるものであるように、孤独という問題を解消する「コミュニケーションのための福祉機器」をつくろうと考え始めたのが、17歳のときです。

「入院していても学校に通える」という使われ方が一番うれしかった

――吉藤さんは、今は孤独を克服されていますよね。どのようにしてコミュニケーション能力を高めていったのでしょうか。

吉藤　とにかくいろんなことをやってみました。ほかの人と同じように、例えば「学校の放課後にみんなでたこ焼きを食べに行こう」みたいなことに付き合ってみたり、先輩に付いていってパーティーに参加してみたり――。早稲田大学に入ったときには、片っ端からサークルに20個ぐらい入ってみたりもしました。入学したばかりの新入生というのは、先輩たちからするとサークルに入ってほしい人なわけで、一番市場価値が高いわけですよね。なので、ここが駄目でも次にすぐ移れる今の時期のうちにいっぱい失敗しようと思ったんです。そして、片っ端からサークルに入ってはみたけれど、なかなかうまくいかず……ということを繰り返していました。そのほか、（知らない人とコミュニケーションを取るため）ヒッチハイクをやってみたりとかもしましたね。

そんなふうにいろいろやってみた中で、コミュニケーション能力を身に付けるのに一番大きかったのは何かというと、奈良県のキャンプ場で働いたことです。夜行バスで奈良に行って、土・日はキャンプ場で働いて、また東京に戻ってくるという生活を4年間続けました。スタッフの補助をするキャンプ補助員の仕事をさせてもらっていたのですが、チームワークや誰かと一緒に何かをするといったことの価値を強く感じることができた経験でした。

このときの経験は、今の仕事で、プレゼンテーションをするときなどにも役立っています。キャンプ場では、子どもたちを10分以上放置すると気が散って言うことを聞かなくなります。そこで「10分でいかに興味を引き付けながら、どうやってちゃんと言うべきところを押さえて話を完結させるか」といった〝修業〟を、キャンプ場ですごくたくさんやってきたので、それで鍛えられました。

――そういった経験を経て、ＯｒｉＨｉｍｅがつくられていったわけですね。ＯｒｉＨｉｍｅは、動けない人がパイロット（ＯｒｉＨｉｍｅを操縦する人の呼び名）となってコミュニケーションを取る手段としてだけでなく、飲食店や自治体の受付など、部屋にいながら外での仕事をすることもできます。コロナ禍

の中でのコミュニケーションにも使われていますね。こうした広がりは当初から想定していましたか。

吉藤　こんなふうに使われてほしかった、という部分にも使われていますし、予想していなかった使われ方もあります。10年前に最初につくったときは、まだ小型化することは難しかったんですけど、その頃から一番やりたかったのが、持ち運びができるようにするということでした。ＯｒｉＨｉｍｅを介して遠足に一緒に行ったりとか、旅行に一緒に行ったり、遠隔で買い物をしたりとか――。ＯｒｉＨｉｍｅを連れて行けば、そういったことが病室から出られなくてもできるようになります。

特に「入院していても学校に通える」という使われ方が一番うれしく思っています。ＯｒｉＨｉｍｅを使うことによって、本来自分がいるはずの場所で、休み時間もそこにいて友達と会話したりして同じ時間を過ごした思い出をつくることができるようになりました。

コロナ禍の中においては、ＯｒｉＨｉｍｅというロボットは、感染症予防の観点でも有効です。例えば無菌室の子たちがパイロットとなり、外に行くツールとして使われたりもしています。逆に、ほかの病室の子たちがＯｒｉＨｉｍｅで無菌室に入ったこともありました。そのほかにも、軽度感染の方々が宿泊されている施設の中でＯｒｉＨｉｍｅが働いていたりもしています。最近の例では、自分の両親に会いに実家に行きたいけれど感染が怖いということで、ＯｒｉＨｉｍｅをどちらかの家に置いて、たまにＯｒｉＨｉｍｅを操作して一緒にテレビを見たりとか、そういった使われ方も増えてきています。

人がいる空間に移動することが第一歩

――コロナ禍におけるコミュニケーションというのは、まさに、開発したときには考えていなかった意

外な使われ方ですよね。我々の働き方に引き寄せて考えると、テレワークが増えていったときのコミュニケーションにもOriHimeが役立つのではないでしょうか。

吉藤　そういったこともあると思います。ただ、その点について私は、むしろコロナ禍が収束した後のことを考えています。恐らく、コロナ禍の中では多くの人が自分の家にいて、パソコンを通してコミュニケーションを取っている。つまりモニターの前にいるという状態は、例えば寝たきりの方や、無菌室にいる子どもたち、ひきこもりの人たち……みんな一般の人と平等の立場に今はいるんです。でも、コロナが収束すれば、人はまた必ず外に出始めます。しかし、みんなが出始めて「やっぱり外はいいよね」となったとき、そこに参加することができない人は、より孤独を感じることになるでしょう。

人はどんなときに孤独を感じるかというと、「独りぼっちでいるという状態」のときではなくて、「周りと比較して自分がどうか」ということを思ったときに、すごく孤独を感じてしまいやすいんです。クリスマスの夜に一人でいるとさみしく感じる、という世界ですね。「周りはきっとみんな幸せな夜だろう」みたいなことを思ってしまう。

――確かに、人と比較をしてしまうことでさみしさが増す、みたいなことはありますよね。

吉藤　ですので、同じクラスの友達がみんなZoomなどのオンライン会議ツールで授業を受けている分にはよいのですが、自分を残してみんな学校に行くようになってしまうと、学校に行くことができない子どもは、そこですごく取り残されたと感じてしまうと思うんですね。

このシチュエーションにおいて、私たちのつくっているOriHimeは、最もコミュニケーションが取れるツールだと思っています。クラス全員に「モニターを持って歩いてください」とは言えないし、実際になかなかそうはならないでしょう。そこにＯｒｉＨｉｍｅというツールがあることによって、スマホやタブレットなどにアクセスしていない人たちに対しても、話しかけたりすることができる。モニターとは違って、ＯｒｉＨｉｍｅは「もう一つの体」として顕現できるツールなんです。

――みんなが移動できているのに自分だけできない。そのことによって、より孤独感が際立ってしまう――。ＯｒｉＨｉｍｅは、「移動と孤独」に関する問題を解消するツールという言い方もできそうですね。

吉藤　コロナ禍以前、私たちは毎朝、着替えて、化粧して、いろんな準備に1時間かけて、電車に乗ってさらに1時間かけて仕事場に行き、そして帰りも1時間、電車に乗って帰ってくる。1日3時間ぐらいは移動のためだけに費やしてきたわけですけれども、これだけで年間1カ月ぐらいの時間を使ったことになるんです。そこまでして私たちはどうして外に行くのかと考えると、やっぱり人の営みに参加するために外に出るんですよね。

人の営みに参加するには、まず人と出会わなきゃいけなくて、人と話さなきゃいけない。そのうえで関係性を構築することができる。そして、関係性を構築することができたからこそ、何か役割を与えてもらえて、そして役割をこなしていくうちに何かしらのことを任されるようになってくる――。そうやって自分の有用感が高まってきたときに、そこが自分の居場所になったり、自分を真に肯定することができるようになっていったりするわけです。そこから先は、向上心を持って成長していくというフェーズに入っていけるわけですが、人によっては、そこまで到達するのがとても大変だったりするんです。

私が意識しているのは、人が社会に参加していくプロセスです。まずその第一歩として、人がいる空間に移動しなくてはなりません。人と出会うということ自体がコミュニケーションの始まりであって、何も持たない人たちのコミュニケーション、あるいは社会復帰のリハビリテーションのきっかけのためのコミュニケーションを考えた場合、自分の体を運ぶ、もしくは運ぶモチベーションをもう一度持ち直すというアプローチが必要だと考えています。

まずは、分身ロボットカフェをしっかり形に

――そのためのツールとして、ＯｒｉＨｉｍｅを街なかで普通に見かけるような社会になっていくかもしれません。

吉藤　街にＯｒｉＨｉｍｅがあふれているような状態になるかは分かりませんが、今の車椅子よりは街でよく見かける存在になるとは思っています。

家の外にいる人に対して、モニターを持ってもらうことなく、家の中にいる人が話しかけるツールというものを、今の私たちは持っていません。これまで実証を繰り返してきた「分身ロボットカフェ」では、在宅のパイロットが、ＯｒｉＨｉｍｅを通じてモニターを持っていない人を接客することができました（何度かの実証を経て2021年6月に常設店舗「分身ロボットカフェＤＡＷＮ ver.β（ドーン バージョンベータ）」※2を東京・日本橋にオープン）。つまり、ＯｒｉＨｉｍｅは、家の外にいる人と在宅の人が、モニターなしでも十分コミュニケーションが取れる機能を持っていることを証明できたと思っています。

しかも、ＯｒｉＨｉｍｅを介すことによって、ＡＬＳ（筋萎縮性側索硬化症）の患者さんや、本当に体のごく一部しか動かすことができないような人たちでも、分身ロボットカフェでは「物を運ぶ」という行為によって人から「ありがとう」と言ってもらえる。人が家にいながら、こんなふうに街なかで何かしら

※2 常設店舗「分身ロボットカフェDAWN ver.β（ドーン バージョンベータ）」の外観と内観。それぞれの座席の分身ロボット「OriHime」がメニューなどを説明、大きなサイズの「OriHime-D」がコーヒーなどの飲料を運ぶ。いずれも遠隔地にいる「パイロット」が操作している（写真：2点とも日経BP 総合研究所）

の役割を担って仕事をしていくということは、今後十分あり得ると思っています。

――日本では、2025年には2200万人の方が75歳以上の後期高齢者となります。そういった中で、健康で歩ける状態を維持できればよいのですが、そうでない人も現実問題として増えていきます。OriHimeは、超高齢化社会でQOL（生活の質）を保っていくための一つの解になりそうです。

吉藤　そうですね。健康寿命という言葉がありますが、そこから亡くなるまでの時間は、男性が約9年、女性では12年もあります（男性の平均寿命は80・98歳・平均健康寿命は72・14歳、女性の平均寿命は87・14歳・平均健康寿命は74・79歳。厚生労働省・2016年）。「農業でもやろうか」「旅でもしようか」というふうに、年金をもらいながら悠々自適のセカンドライフを楽しもうと老後のことを考えている人もいると思います。ところが、健康寿命に照らし合わせると、65歳からたった数年しか健康でいられる時間がないんです。「サードライフ」とでも表現すべき、健康が損なわれてから平均寿命までの約10年間をどう過ごすのかを考えなくてはなりません。体が動かない自分とどう付き合いながら、自分の意思に基づく選択肢を持ち続けられるかが重要だと思っています。

社会の中で感謝されたり、必要とされたりしながら、自分をうまく肯定しながら生きていく――。そのための方法を私たちは研究しています。私たちは今、ALSの患者さんや寝たきりの人たちと研究を進めていますが、その目的は彼らを救いたいということだけではありません。彼らと共に、「これから増えていく寝たきりの人たちのために研究しよう」というモチベーションを持って研究を進めています。

――AIでは孤独は救えないということから生まれたのがOriHimeですが、その後、研究を続けてきた中で、吉藤さんのAIに対する考え方に変化はありましたか。

吉藤 基本的な部分、つまり、人は人と話すべきであるということ――。「べき」とまでは言わないまでも、人は人と話した方がいいという視点に関しては、まったく変わっていません。

ただ、友達をAIで代行、あるいは代替していこうというアプローチも、場合によっては必要だと思っています。これはとても気の毒な例ではありますが、例えば後期認知症になってしまって、周りのスタッフも疲れ切ってしまい、もう誰にも相手にしてもらえない場合。そのときに、「話す」という役割をAI的なものが担い、彼らの話を聞いてあげるような存在となる――。そんなケースは、「あり」か「なし」かと言えば、ありだと私は思っています。

もう一つ考えられるAIの使い方としては、役割のハイブリッド化があります。例えば、おじいちゃん

（写真：オリィ研究所）

が入院していて、一方で、孫の家では掃除機ロボットが家を掃除しているという状況があったとします。掃除は別にロボットがやらなくてもよくて、入院しているおじいちゃんに遠隔操作してもらえば、「おじいちゃん来たよ」みたいな感じで周りの人たちは物をどかし始めるかもしれないし、そこで会話が生まれるかもしれません。「おまえ、また散らかして」みたいな会話が生まれるかもしれません。掃除をするという役割と共に、おじいちゃんが孫と話す口実ができるわけです。けれど、おじいちゃんが家の中すべてをきれいに掃除するのは大変なので、ＡＩによる掃除ロボットとうまく役割をハイブリッド化することはできると思いますね。

――様々な研究やアイデアが広がっていきますね。今後、オリィ研究所では、どのような事業展開を考えているのでしょうか。

吉藤　まずは、分身ロボットカフェをしっかり形にしなくてはと思っています。外出することができない人たちのＯｒｉＨｉｍｅに対するニーズの多くは、遊びや旅行に使いたいということではなく、「誰かの役に立ちたい」というところにあります。

ＡＬＳの患者さんたちは、意思伝達装置として、ＯｒｉＨｉｍｅ ｅｙｅという視線入力のソフトウエアを45万円で購入できます。今は購入補助制度が適用されるので、４・５万円で買えるんですが、それでもやっぱり彼らからすれば大金です。その４・５万円で遊ぶためのツールを買うというのは、やっぱりなかなか難しい。でも、ＯｒｉＨｉｍｅによって社会で役割を得ることができたり、就職することができたりするのであれば、「45万円出してでも買います」と、彼らに言われたこともありました。

ＯｒｉＨｉｍｅというロボットを使うことで、今まで働くことができなかった人たちが社会にうまく参加して、自信を取り戻すことができるのか。あるいは今まで一度も持ったことがなかった役割を手に入れることができるのか。その実験の場が、分身ロボットカフェです。今後は、重度障害者の方々や特別支援学校の子どもたち、あるいは、様々な事情で何年間も第一線を離れていた人たちが社会とつながる場として、事業を広げていきたいと思っています。

起業よりも、「ものすごく詳しい専門家」になるのが先

――分身ロボットカフェで、ＯｒｉＨｉｍｅのパイロットが人と接する仕事をすることで、彼らの人間関係を構築・拡張していくきっかけになるかもしれません。

吉藤　分身ロボットカフェでＯｒｉＨｉｍｅというロボットを使って接客して働いていく中で、パイロッ

トがお客さんとの間に人間関係を構築して、就職していく――。つまり、分身ロボットカフェで働くこと自体が就活化するということは、十分あり得ると思っています。

私は人間関係にすごく苦労してきた人間として、「面接」という採用の仕組みがうまく機能しているとは思えないんです。私は会社で採用の面接をしたりもしますけど、30分や1時間で人を見たりすることはほぼ不可能です。でも、リファーラル採用（社内人脈を通じた採用）であったりとか、何かのプロジェクトを一緒にやっているうちに気が合って「ちょっとそろそろうちにジョインしないか」ということもあり得るわけです。そうして入ってきた人もうちの会社は多いですしね。

実際に2020年には、分身ロボットカフェでOriHimeのパイロットとして働いていた高校生が、モスバーガー（OriHimeが無人レジの補助をしている店舗がある）でのアルバイトとして採用されました。こういった広がりは、今後も再現性があると思っています。

しかも、OriHimeでは瞬間移動ができるので、分身ロボットカフェで働いて、ちょっと休憩してからすぐ別のところで働くこともできます。いくつかの複業を移動せずに行うことができるというのも、OriHimeというロボットならではの働き方です。また、外出困難者の人材紹介サービス「アバターギルド」を2020年7月に始めたのですが、既に20組以上のマッチングをしてきました。こういった人材事業も今後拡大していけると思っています。

――最後に、何か新しいことを始めようとしている人、起業を考えている人に対して、吉藤さんからアドバイスをいただけないでしょうか。

吉藤　起業する人には多分二つのタイプがあると思っています。まず、会社自体を大きくしていくことを目指して起業するタイプ。その会社をコミュニティとして捉えて、それを大きくすること、売り上げを伸ばすこと自体にすごく自分の情熱を燃やせるタイプの人たちです。もう一つは、起業をツールや手段としつつ目的は別にあって、その目的のために起業をしてプロダクトをつくっていくというタイプです。

私の場合は後者です。孤独を解消するためにいろいろと考えた結果、チームをつくらなくてはならないし、これで食べていけるようにしなくてはいけないと考えましたし、私が死んだ後も維持される社会的システムをつくる必要もあると考えました。だから起業したわけです。

そして、後者のタイプにおいては、何をしたいのかを明確にしながら、まずはその分野において、ものすごく詳しい専門家になることが大事です。起業自体は、その後からでも遅くはないと思っています。

（写真：鈴木愛子）

15

年齢は関係ない
——人生100年時代のトップランナー

ITエバンジェリスト
若宮正子氏

若宮正子氏は、〝世界最高齢のプログラマー〟として知られています。80歳を過ぎてからプログラミング言語を学び始め、ｈｉｎａｄａｎというスマホの無料ゲームアプリを開発しました。これをきっかけに、米アップルが開催する世界会議へ参加し、政府のデジタル社会構想会議に有識者メンバーとして加わるなど、自身の行動領域を広げています。

高齢者に対する「隠居」「リタイア」といった従来のイメージを一新させた若宮氏は、まさに人生１００年時代のトップランナーとして、「自由にイノベーティブなことを行う高齢者」という新しい高齢者像を体現しています。

（初出：2020年1月31日）

若宮正子（わかみや・まさこ）

ITエバンジェリスト／メロウ倶楽部副会長（ハンドルネーム：マーチャン）

1935年東京生まれ。東京教育大学附属高等学校（現・筑波大学附属高等学校）卒業後、三菱銀行（現・三菱UFJ銀行）へ勤務。定年をきっかけに、パソコンを独自に習得し、同居する母親の介護をしながらパソコンを使って世界を広げていく。1999年にシニア世代のサイト「メロウ倶楽部」の創設に参画し、現在も副会長を務めているほか、NPO法人ブロードバンドスクール協会の理事として、シニア世代へのデジタル機器普及活動に尽力している。2016年秋からiPhoneアプリの開発をはじめ、2017年6月には米国アップルによる世界開発者会議「WWDC 2017」に特別招待される。現在、デジタル庁「デジタル社会構想会議」構成員などを務める。

――若宮さんは2017年、81歳のときにiPhone向けアプリ「hinadan」（ひなだん：シニアが楽しめるひな壇飾りのパズルゲーム）[※1]を開発しました。その年の米アップル主催のWWDC（世界開発者会議）に参加、〝世界最高齢のプログラマー〟として世界から注目を浴びました。やっぱり、WWDC参加前と後では、生活は一変しましたか。

若宮　ものすごく変わりましたね。いろんな刺激がいろんなところから入ってきて、お友達の層も質・量共にすごく拡大して――。

そこからたくさんのものを吸収して、さらにそれで自分もバージョンアップできて。以前より頭も働くようになったような気がします。

神様のご配慮の中でこうした人生を送れているというのはすごいことだと思うんです。でも、誰でもこういったことは起こり得るとも思っています。私、もし80歳で死んでいたら、普通のおばあさんで一生を終わっていたわけですから（笑）

※1 「hinadan」は、ひな人形をひな壇の正しい位置に配置していく無料ゲームアプリ。2017年2月にリリースし、現在、日本語のほか、簡体字中国語、繁体字中国語、英語、韓国語に対応している。当初はiPhone版のみだったが、2020年1月にはAndroid版もリリースした（資料：若宮正子）

――WWDCには、米アップルCEOのティム・クックさんから「どうしても会いたい」と招待された[※2]ともお聞きしています。どうして彼は、そんなに若宮さんにお会いしたかったのだと思いますか？

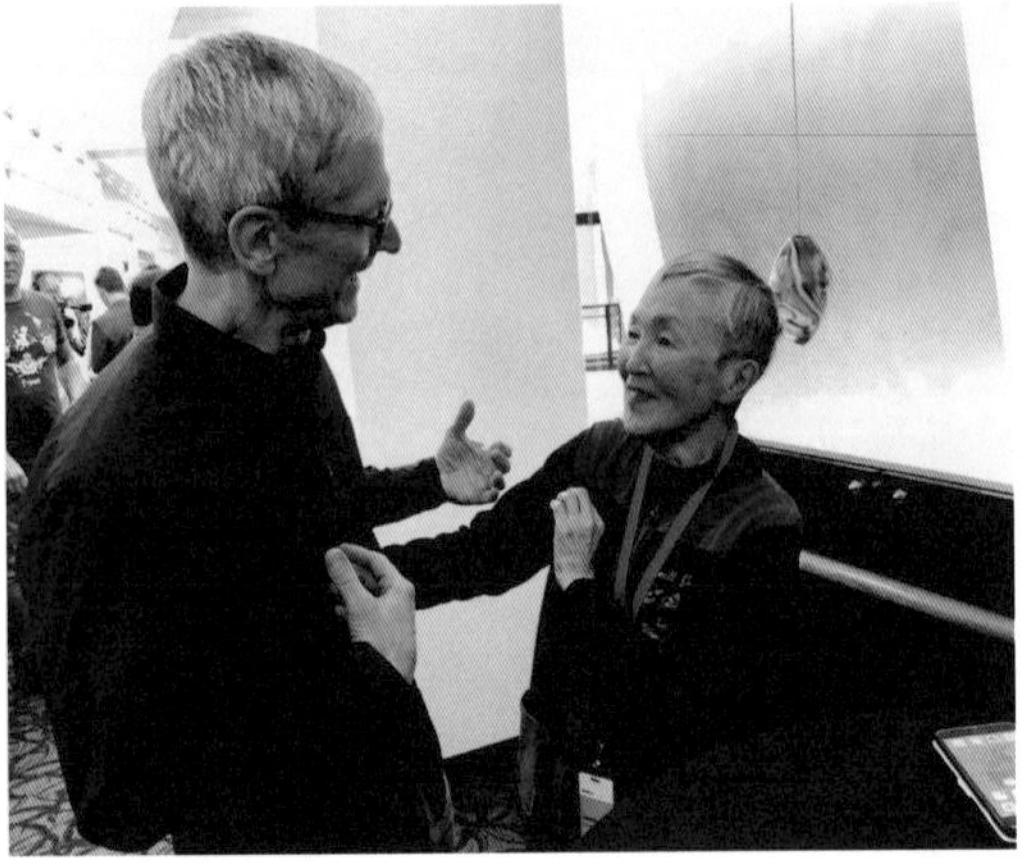

※2　2017年のWWDCで、米アップルのティム・クックCEOと対面した若宮氏。和やかな雰囲気の下、「hinadan」の開発や使い勝手などについて具体的な意見交換を行った（写真：Takashi Takebayashi）

若宮　そもそも、おばあさんがアプリを開発したということに非常に興味を持たれたのではないでしょうか。

シリコンバレーは「ダイバーシティ教」の総本山みたいなところで、〈人種やジェンダーの差別をしちゃいけません〉といったことが徹底していますよね。だけど、（ダイバーシティの概念には含まれるとはいえ、実際には）年齢のことについてはあまり言及されていなかったと思うんです。ティム・クックさんから直接お聞きしたわけではありませんが、そういった意味合いもあったのかな、と私は思っています。

それに今、スマートフォンの市場は世界中みんな満杯で、あとはシェア争い、パイの奪い合いですよね。だけど年寄り、高齢者に関してはどうかというと、プライオリティシート（優先席）はまだ空いているんです。ですから、そこに座ってもらう余地はあって、マーケットとして有望だと思うんですね、もしかすると、そういった意味合いもあったのかもしれませんね。

――なるほど。確かに若宮さんの存在が広く知られることで、「高齢者だって新しいことができるんだ／やっていいんだ」というイメージが拡散していきました。世の中の高齢者に対する見方が大きく変わったといえます。そうしてシニアの活動が活発化すれば、高齢者の市場も広がっていきますよね。

高齢者こそAIスピーカーを

――これからのテクノロジーと高齢者の関わり方については、どうお考えですか。

若宮　私はAIスピーカーを家で使っているんですが、将来的にはこれが一番高齢者の味方になってくれるんじゃないかと思っているんですね。

というのは、パソコンでもスマートフォンでも、操作手順をある程度覚えないと、どうしても使えないんです。ですけど、AIスピーカーは操作手順などを学習する負担がほかのデバイスより非常に少ない。普通の言葉でしゃべればいいわけです。方言でもあらかじめ登録しておけば、「電気つけてんか」みたいなことを言っても通じます（笑）

――関西弁バージョンですね（笑）

若宮　例えば、明後日から土佐の高知に行くとします。現地の天気を知りたいと思ったとき、AIスピーカーなら「高知県の天気予報は？」って聞くだけで済むわけです。もちろん、パソコンだってスマートフォンだって情報は取れますけど、そのためには機器をバッグから出してきて、電源を入れて、PINコードを打ち込んで……ってことになりますよね。だけどAIスピーカーなら、聞けばすぐ答えてくれる。今はモニターが付いていてテキストも画面上に出てきますから、両手が汚れているときでも大丈夫ですし。

「その目的に達するための手間」の少なさが、いずれIT機器の普及についての勝負を分けると思うんです。そのときにやっぱり、しゃべるだけでいいAIスピーカーは強いですよね。それに、年寄りっていうのは大概、体が動かなくても口だけは達者ですから（笑）、ＡＩスピーカーはかなり使えるんじゃないかと思うんですね。

――テクノロジーによって、今までできなかったことが簡単にできるようになる。それこそが、これからのテクノロジーの意味ですよね。

若宮　そう思います。既に使えるものも出てきていますよね。でも、使う側がそれを知らない。つくる側と使う側との間に溝があり過ぎるんです。

一例を挙げると、「みえる電話」というＮＴＴドコモのアプリがあります。これはスマートフォンでの通話を、音声じゃなくてテキストで出してくれるソフトなんですね。高い補聴器を買うことを考えれば、お金が１円もかからずに便利な機能が手に入るわけです。でも、私がよく講演会で５００人ぐらいの老若男女がいるところで、「知ってる方いますか」って聞いてみると、一人も手が挙がらないときもあったりするんです。

テレビも、「３ｃｈにして」というふうにしゃべりかけるとチャンネルを変えてくれるような製品も出てきています。でも、体が動かない人がテレビを買おうとするときに、「こういうのもあります」っていうことを誰も教えてくれない。

それともう一つ。ＡＩスピーカーもそうなんですけど、新しい機器で大変なのは初期設定だけなんですよね。でも、そういった新しい機器の初期設定は、（高齢者の）家に息子さんがいたとしても、なかなか難しい。そこで今、お役所に一生懸命にずっと訴えているのは、その地域の包括支援センターなどに、そういった機器の設定をお願いできる支援員を置いてもらったりできないか、ということなんです。

ITによる生産性向上が、人間を自由にする

――若宮さんがご指摘のように、最初の一歩を何とかすれば、その先にあるテクノロジーの恩恵を受けられる人が、高齢者を中心にたくさんいます。でも、その人たちがそこに到達できていないという現状があるわけです。この問題が解決したら、どうなるとお考えですか。皆がテクノロジーの恩恵にあずかれる世界が出現するわけですが。

若宮　「熱中小学校」（一般社団法人熱中学園による、全国各地の廃校を拠点とした生涯学習への取り組み）の講師として、北海道の更別村を訪れたときに、いわゆるハイテク農家におじゃましたんです。

そこでは、ものすごく広い土地を、センサー付きのハイテク農機具を使ってお父さんが一人でいろいろな農作業をこなしておられるのですね。つまり、町の収入を増やすのであれば、お父さん一人いれば十分なわけです。

だとすると、もし町の収入を増やすということだけを考えるなら、必ずしも人口を増やす必要はない気がするんですよね。少子高齢化が悪いのか、少子高齢化で生産性が低くなるから悪いのか……。

――確かにそういった面はありますよね。

若宮　生産性が上がれば、人間はもっと人間らしい生活が送れるようになる。イノベーションはそのためのもの。私はそう思っています。

例えば、普段着る服はユニクロなどのファストファッションのお店で買ってくれればいいわけですけど、

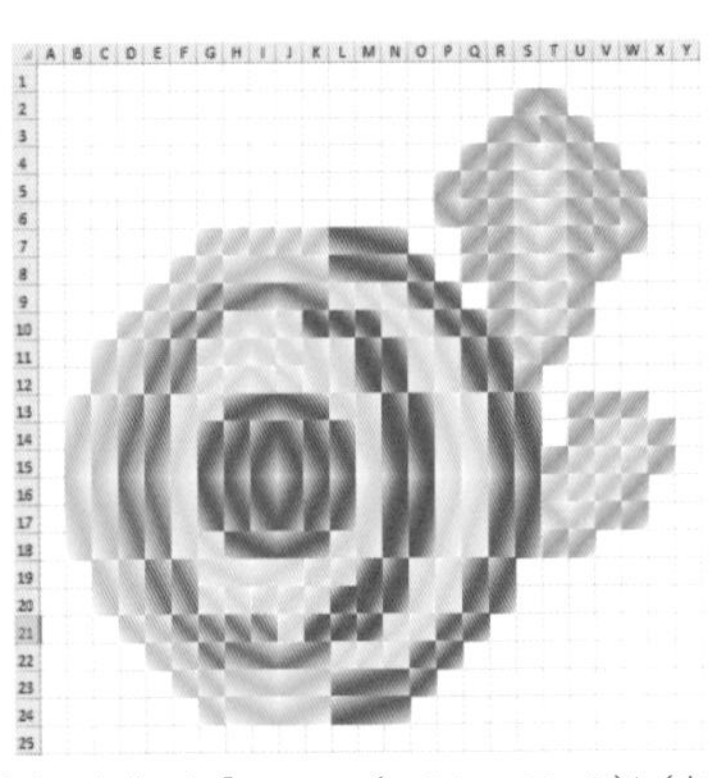

※3 インタビュー当日、若宮氏が着ていたブラウスの柄（左）は、自身が考案した「Excel Art（エクセル・アート）」（表計算ソフト「Excel」のワークシートのセルの塗りつぶしや罫線で模様や絵を作成していく手法）で自らデザインしたものだ。ペンダントも若宮氏が自ら3Dプリンターで制作した。バラの花の画像(右)は若宮氏による「エクセルアート」の作例（写真：鈴木愛子、資料：若宮正子）

今、私が着ているブラウスは私がデザインした布地[※3]なんですね。こんなふうに、自分が考えた、自分が最も着たい洋服を自分でつくって着る時代になってきている。母の日にお母さんにプレゼントする服なんかも、布地の柄から自分で全部デザインできる。だから、個人の時代になる。それをサポートするいろいろなテクノロジーが出来上がってくるんだと思うんです。

――より人間らしく、ということですね。我慢せず、自分の思っていることが何でもできるようになる。服だってこうして自分の思い通りにつくることができるようになっているわけですし。

若宮　お酒を選ぶときだってそうですよね。何とか大臣賞をもらった大吟醸だからといって、「本当はよく分からないけれど、おいしいと思わなきゃいけない」なんてことはないわけですよね。別に人がどう思おうと、自分は自分がおいしいと思うお酒がおいしいんだと思うんです。

こんなふうに個人が主張して、個人が自分の設計図通りに生きられる時代がやって来るのかなと思っています。

hinadanより前に構想していた幻のアプリ

――スマホアプリの「hinadan」をつくるきっかけについて、改めてお話しいただけますか。

若宮 はい。この頃、高齢者がスマートフォンを使うようになったんですけど、やっぱり高齢者には使いにくいんですね。もう一つは、高齢者が楽しめるようなアプリが非常に少ない。だから苦労して使えるようになっても、あんまり、若い人ほどは楽しくない。当然だと思うんです。

だったら、年寄りが好みそうなものをどんどん増やしていけばいいんじゃないかと思ったんですね、単純に。で、いろんなところでそういう話をしたんですけど、結局誰も若い人たちは乗ってこなくて。それで、東日本大震災のボランティアで知り合った小泉勝志郎さん（スマートフォンアプリ開発や教育などを行うテセラクト代表取締役社長）から、「自分でつくればいいじゃないですか」と言われまして――。それで、自分でつくることにしたんです。

ちょうどその頃、アップルのiOSで使えるSwiftという新しい開発言語ができたんですね。何でも新しいものが好きなので、きっとこれの方がやさしいんだろうということでSwiftを使うことにしました。

そうしてSwiftを使って開発を始めてみたものの、1行ずつのコマンドは分かっても、それを使ってストーリーをつくるとなるとなかなか大変で……。ちょっと自分でつくるのは大変だなと思ったんですけど、小泉さんが「分からないことがあったら僕が教えますよ」と言ってくださったんです。

小泉さんは宮城県の方ですし、私のうちは神奈川県ですから、通うわけにはいかないので、Skypeを使って教えていただきました。小泉さんに教わったから、6カ月で何とかリリースできたんだと思っています。あの方は実務家ですから、プログラミングだけではなくて、例えば先にユーザー登録だけしておいた方がいいとか、そういった実践的なことも教えていただきました。

ただ、私がつくったアプリが幼稚なので、「もしかすると、プログラムの体をなしてないと判断されて、はねられるかも」ともおっしゃっていて、少し心配もしていました。けれど、別にプログラミングのつくり方まで審査するわけじゃなかったようで、無事通りました。まあ、とにかくおひなさまが画面の中でちゃんと動きますしね（笑）

——実際、若宮さんのところにユーザーからの声は聞こえてきていますか。それがきっかけでスマホを使うようになった高齢者の方も増えたのではないでしょうか。


若宮　きっかけになったかどうかは分かりませんが、親近感を持ってもらえたとは思います。

「私の母は、今までスマートフォンなんか見向きもしなかったのに、私がｈｉｎａｄａｎをやっているのを後ろからのぞき込んであれこれ指図をするので、自分でやってみればって言ったら、きゃーきゃー面白がってやってました」とか、「母と私と娘と親子3代で楽しみながら、おひなさまの並べ方の知識も会得しました」とか、そういった声をいただいています。

おひなさまって、並べ方に一定の法則があるんですね。年寄りはよく知っていますから、迷わずに並べることができて、威張れるわけです（笑）

——それは確かに威張れますね（笑）。その頃、ｈｉｎａｄａｎのほかにやろうとしていたこと、開発しようとしていたアプリはあったのですか。

（写真：鈴木愛子）

若宮　白内障の目薬の点眼指導のアプリをつくろうとしたことがあります。

――hinadanとはまったく違うジャンルですね。

若宮　私、白内障の手術をしたんですね。両眼いっぺんに手術をして。

（私のときは）その後、1日に4回、4種類の目薬を差さなきゃいけなかったんです。5分間隔で、すごくややこしい。で、その合間に抗生物質を飲まなきゃいけない。そういった薬を飲む順番を皆さん紙に書いて、貼り出しておいて間違えないようにしていたんですね。

これをアプリにしたらいいと思いまして、フローチャートまでつくりました。実現に向けていろいろな人に相談したんですが、服薬指導というのは薬剤師さんの仕事なので、もし私がアプリをつくっても、本人は使ってもいいけれど、それをほかの人に勧めちゃいけないということらしいんですね。こういったアプリを薬剤師さんがつくってくれるといいんですけど。

――そんな「幻のアプリ」があったんですね。この点眼アプリも、ｈｉｎａｄａｎも、どちらも若宮さんが「つくりたい」と思ってつくろうとしたという点が共通しています。コンピュータという道具を使って、やりたいと思ったことをやる、ということですよね。

若宮　その通りです。コンピュータって、道具なんですよ。だから、私はタッチタイピングができないんですが、今は音声入力だってできるようになってきています。そうやって、どんどん使える人が増えていけばいいと思っています。

――ところで、ｈｉｎａｄａｎで有名になって以来、若宮さんは世界中いろいろなところに足を運んでいらっしゃいますよね。これまで訪れたところで、特に好きな場所、お気に入りの場所ってありますか。

若宮　好きな場所……ですか。やっぱり、初めてのところに行くのが好きですね。

――その答えは、かっこいいなあ。

若宮　だから、今の自分の境遇って、非常に幸せだと思っているんです。どうしてかというと、講演会やいろいろなことで声をかけていただくことがすごく多いんですね。そうすると、初めて行くところがしょっちゅう。それも、普通じゃあんまり行けないところへ次から次へと行かせていただける。すると、そこで新しい体験ができて、初めてお会いする方に会って、いろんなことを知ることができる。本当に幸せなことですよね。

第2章

破壊的イノベーターに聞く 10の質問

6 一番記憶に残る失敗

大阪市中央公会堂に卵（卵型の大きなホール）を入れようと思ったのですが、この自主提案は市に受け入れられませんでした。それ以降も、うまくいかなかったことはたくさんありますが、これが一番大きいですね。

7 今、一番やってみたいこと

我々は今、コロナ禍で海外渡航ができない状態です。もう一度、ローマのパンテオンを訪ねたり、ゆっくりとイタリアの街とパリの街を歩きたいと思っています。

8 うれしかったプレゼント

どうでしょう。頂き物は多いですが、「プレゼント」という感覚はないですね。

9 いつも心掛けていること

全力疾走。暴走族ですからね。バイクはちょっとゆっくり走ったら倒れてしまう。だから、倒れないぞ、と。

10 仕事で大事にしていること

仕事というのは守る／攻めるという場面がそれぞれあります。多くの人は攻めることが大事だと言いますが、守りが一番大事なんです。徳川家康は5歳ぐらいから人質として生きていくことになった。その中で可能な限り考え続けたのだと思います。少しでも間違えたら殺されるわけですから。織田信長も面白いと思うけれど、ぎりぎりで生きた人間の面白さが徳川家康にはあると思います。

安藤忠雄氏への10の質問

1 行ってみたい場所

宇宙。

（イラスト：宮沢洋）

2 子どもの頃に読んで印象に残っている本

例えば野口英世の伝記。そして、『鉄腕アトム』。

3 注目する企業人・経営者

ユニクロの柳井正さん（ファーストリテイリング代表取締役会長兼社長）。いつも全力で走っていますよね。

4 最近、良いと感じた建物は？（自作は除く）

最近というわけではありませんが、ローマのパンテオン。

5 すごいと思う人は？

世界最初の全身麻酔に成功した江戸時代の医師・華岡青洲は、母親と妻に実験のために麻酔を打ち、母親は死に、嫁は目が見えなくなった。華岡青洲のご家族と本人の気迫には驚かされますね。

5 2030年には何をしていると思いますか

また生物学をやりたいですね。「生物学をやる」というのはちょっと言い過ぎかもしれないですけど、何か植物の研究とか観察とかをしたいですね。

6 心掛けていること

「説得しない」。強引に人を変えようとしないということです。

7 好きなマンガ

『ジョジョの奇妙な冒険』第3部ですね。

8 今、欲しいモノ

温室。珍しい植物に囲まれてぬくぬくしたいです。

9 行ってみたい場所

ガラパゴス諸島。福岡伸一先生から「ガラパゴスの動物たちは人間を恐れていない」と伺って、行ってみたいなと思いました。

10 影響を受けた本

タイガー立石『すてきにへんな家』です。

伊藤亜紗氏への10の質問

❶ 会ってみたい人（故人・架空の人物も含む）

ナウシカです。

❷ 好きな動物

カメレオン、好きです。動きがすごく好きですね。フクロウも好きです。フクロウは首が回るじゃないですか（笑）。ああいう、何か自分の範囲を超えて動く動物は好きですね。

（イラスト：宮沢洋）

❸ 好きな食べ物

イチジクですね。

❹ リラックス、気分転換をする方法

そうですね、あんまりないですね。基本、研究が楽しいから（笑）。でも、声が好きなんですよ。人の声にすごく癒やされるんです。例えば視覚障害の人って、結構、声でメッセージをくれるんですよね。そういうのを聞き直したりしています。

❺ 好きな動物

ピューマ。

❻ 好きな食べ物

ビステッカ・アッラ・フィオレンティーナ（フィレンツェ風ステーキ）です。

❼ ほしいモノ

若さ、です。

❽ 生まれ変わったらなりたいもの

「ものを創造する人」ですね。

❾ リラックス／気分転換する方法

ソファで何も考えないで寝っ転がることです。

❿ 最近ハマっていること

ダルビッシュ有選手です。登板日は早朝からテレビ観戦しています。これまで一人のスポーツ選手を追いかけることはありませんでした。常に創意工夫を怠らず、さらに自分の会得したものを惜しげもなくオープンにしているところが素晴らしい。イノベーションが生まれますよね。年齢は僕の半分ですが、尊敬しています。

大南信也氏への10の質問

1 行ってみたい場所

ヨーロッパの氷河地帯。

（イラスト：宮沢洋）

2 影響を受けた本

猿谷要『現代の幌馬車―アメリカ考現旅行』です。アメリカに行きたいという小さい頃からの夢があって、この本を読んでいっそう、その思いが募りました。

3 尊敬する経営者・企業人

HP（Hewlett-Packard Company）の創業者、ウィリアム・ヒューレットとデビッド・パッカードです。

4 会ってみたい人（故人・架空の人物も含む）

シリコンバレーの父、フレデリック・ターマン教授。

❺ 今、一番やってみたいこと

昔に戻って、もう一度、1ラウンド70台で回りたい。

❻ 好きな食べ物

ステーキも好きなんだけど、女房がつくるばら寿司が好きですね。ただし、ばら寿司はにゅうめん（煮麺）とセットでないといけないの。ばら寿司に載せる錦糸卵はいつも娘がつくってくれて、僕は食べるだけ。役得ですね。

❼ 好きな動物

犬。

❽ リラックス／気分転換する方法

音楽鑑賞。クラシックであればショパンのピアノ曲を聴くことが多い。日本の歌手では徳永英明さんや石原裕次郎の曲が好きでよく聴きますね。特に徳永さんの「レイニーブルー」が昔から好きで、カラオケで歌うためによく練習をしました。前は家のオーディオで聴いていたんだけど、最近はもっぱらスマホで聴いています。

❾ 会ってみたい人（故人・架空の人物も含む）

早大1年時のサッカー東西学生1位決定戦で勝利したとき、「あなたのファンとして一生応援し続けます。私が誰かは詮索なさらないでください」という内容の手紙をくれた女性。どんな素敵な女性だったのだろう…。もう叶わないこととはいえ、会ってみたい。

❿ 行ってみたい場所

もう一度、行くとしたらローマ。名所旧跡を巡りたい。

川淵三郎氏への10の質問

1 最近ハマっていること

ゴルフがうまくなりたいので、週1回、スパに通っています。
体力を維持することが目下の課題。

2 影響を受けた本

『ドラッカーの講義』(全2巻)。

3 尊敬する経営者・企業人

小松製作所の坂根正弘さん※。

※同社元社長兼CEO

4 いつも心掛けていること

娘にいつも言われているんだけど「謙虚であれ」(笑)

(イラスト：宮沢洋)

❺ 尊敬する医師

二人います。一人は私が医師として働いたときの上司だった呼吸器内科の部長の先生です。私は、研修医を終えて普通に呼吸器内科医として着任したのですが、医師として自立するときに、本当に医師としてのプロフェッショナリズムみたいなものを叩き込んでくれました。もう一人は、研修医のときの内科の上司の先生です。その方のエビデンスをベースに治療することへのこだわりにものすごく共感を受けました。

❻ 好きな動物

犬です。

❼ 最近うれしかったこと

子どもからの手紙です。

❽ 心掛けていること

ポジティブシンキングです。

❾ 会ってみたい人（故人・架空の人物も含む）

桜井和寿さん。若い頃からミスチルのファンなので。

❿ 最近ハマっていること

娘と水泳をすること。

佐竹晃太氏への10の質問

1 行ってみたい場所

上海です。中国に留学して住んでいたときに、自分の価値観が変わったんです。人々の未来に対する考え方が日本と中国ではまるで違っていて、とても刺激を受けました。

（イラスト：宮沢洋）

2 影響を受けた本

『ビジョナリーカンパニー2』（ジム・コリンズ）です。

3 尊敬する経営者・企業人

孫正義さんです。

4 好きな食べ物

コロッケです。

❻ 今、一番やってみたいこと

釣りですね。釣りが趣味なので。

（イラスト：宮沢洋）

❼ うれしかったプレゼント

小学校4年生のときに初めてもらったバレンタインのチョコですね。それが今の仕事に結び付いている…というわけではありませんが（笑）

❽ コロナ後の食の在り方

EC（電子商取引）そのものがもう少し発達するんじゃないかと思います。

❾ いつも心掛けていること

何事もばかにしないで、何でもちゃんと正面から見る、ということです。

❿ 最近ハマっていること

ハマっていること……やっぱり、常にお菓子づくりのことを考えています。いまだにつくっていて楽しいんですよね。飽きない。一生を懸けてやれる仕事です。

辻口博啓氏への10の質問

1 行ってみたい場所

ハワイ。ハワイのカカオ農園に行ってみたい。

2 影響を受けた本

『陰翳礼讃』（谷崎潤一郎）ですね。

3 尊敬する経営者・企業人

孫（正義）さん。やっぱりすごいと思います。

4 会ってみたい人（故人・架空の人物も含む）

織田信長。生きている時間をものすごく凝縮して、自分の生きたということを表現した人だと思う。

5 記憶に残る失敗

失敗だらけです（笑）。失敗はあり過ぎて言えないぐらい。

6 好きな食べ物

すしと焼き肉です。

7 ほしいモノ

空飛ぶクルマ（宇宙まで行けちゃうやつ）。これは本気で考えています。先ほどの繰り返しになりますが（P.102参照）、「物理的にあり得る話は、必ず達成できる」はずです。

（イラスト：宮沢洋）

8 生まれ変わったらなりたいもの

かわいい女の子です。新しい何かになりたい。これまでの人生でまったく経験したことのないことを経験してみたいなと思ってます。

9 リラックス／気分転換する方法

寝る。

10 最近ハマっていること

皇居ラン。

福澤知浩氏への10の質問

1 行ってみたい場所

アフリカの大自然。

2 影響を受けた本

『カルロス・ゴーン 国境、組織、すべての枠を超える生き方 [私の履歴書]』です。ゴーンさんは26歳で工場長に抜擢されているんです。普通に考えたらあり得ないじゃないですか。無理だと思ったことを最初に実現する人がいると、一気に続く人が出ますよね。「偉大な人は、若い頃からヤバいな」と思いました。この本を読みながらゴーンさんと自分とを比べて、自分にも「もっと可能性があるのでは」「もっと頑張ろう」と思えるようになりました。

3 尊敬する経営者・企業人

イーロン・マスク。

4 会ってみたい人（故人・架空の人物も含む）

ピーター・ドラッカー。

5 好きな動物

りす。

⑤ 生まれ変わったら何になりたいですか

溶暗というか、トワイライトの暗闇というかですね、そういうところにいる生きものですね。気配みたいな。

⑥ 印象に残る失敗

いっぱいありますよ。連帯保証人になって虎の子を持っていかれた、とか。

⑦ 今、一番やってみたいこと

規模はちょっと大きめの、塔頭（たっちゅう）のあるお寺のような規模のところに、能舞台であって能舞台ではない、バーであってバーではない、茶室であって茶室ではない——。何かこう、今までの既存概念の立て付けを超えて、そこに行かないと分からないようなものをつくりたいですね。

⑧ うれしかったプレゼント

山本耀司からもらった服ですかね。「いいよ、着てよ」みたいな感じでくれました。

⑨ いつも心掛けていること

減衰してからが勝負だということですね。つまり、疲れてからとか、これ以上考えつかないとか、それから、もうないだろうというところからが勝負だと思っています。

⑩ 最近ハマっていること

僕は長年、寝たり、休んだりするのは嫌いだったんです。でも最近、眠るのが好きになってきましたね（笑）

松岡正剛氏への10の質問

1 行ってみたい場所

チベット。

2 尊敬する経営者・企業人

三井の益田孝（鈍翁）。そして三越の高橋義雄（箒庵）。

3 会ってみたい人（故人・架空の人物も含む）

ウンベルト・エーコですね。会いたいと思っているうちに、亡くなってしまいました。

4 好きな動物（人間以外）

キリン。そしてペンギン。

（イラスト：宮沢洋）

④ 会ってみたい人（故人・架空の人物も含む）

- 宮沢賢治（崇弥氏）
- 山口周さん（文登氏）

⑤ 好きな動物

- 馬（崇弥氏）
- ワンちゃんですね。犬が好きです（文登氏）

⑥ 好きな食べ物

- 冷麺（崇弥氏）
- お寿司（文登氏）

⑦ リラックス／気分転換する方法は？

- まな娘と寝ることです（崇弥氏）
- 温泉ですかね。岩手・西和賀に「山人」という非常に素敵な旅館があるんですが、私が結婚のプロポーズをしたところで。今、パっと思い浮かびました（文登氏）

⑧ 尊敬する人

- 小山薫堂さん（崇弥氏）
- 鎌田恭幸さん（鎌倉投信）（文登氏）

⑨ いつも心掛けていること

- 結果的に幸せになっていると信じること（崇弥氏）
- 19時から22時で家族の時間を持つこと（文登氏）

⑩ 最近ハマっていること

- 何にハマってるだろう…仕事と家庭ばかりですからね（崇弥氏）
- サウナです（文登氏）

松田崇弥氏・松田文登氏への10の質問

1 行ってみたい場所

- ローザンヌ（スイス）の美術館「アール・ブリュット・コレクション」です。アール・ブリュットの聖地ともいわれている場所なので（崇弥氏）
- ニューヨークですね（文登氏）

（イラスト：宮沢洋）

2 影響を受けた本

- 糸賀一雄『福祉の思想』（崇弥氏）
- 松浦弥太郎『センス入門』（文登氏）

3 ほしいモノ

- 車がほしいです（崇弥氏）
- 「HERALBONY」のラグ（文登氏）

7 うれしかったプレゼント

私が悪性リンパ腫になったとき、会社のメンバー全員が誕生日のメッセージをくれた色紙があって。それと一緒に、とある支援者さんの呼びかけで、支援者・実行者の皆さんから私の闘病に向けたエールを集めて色紙にしてくれていて——。改めてそれを見て、すごくうれしいなって思いました。

8 自分の性格を一言でいうと？

「明るい」とか、「明るくする」とか、そんな感じです。

（イラスト：宮沢洋）

9 いつも心掛けていること

自分の人生も、自分に関わる人の人生も、その時を、その瞬間を、充実したものにしたいと思っています。

10 最近ハマっていること

筋トレです。デッドリフトで背中の筋肉を鍛えてます。

米良はるか氏への10の質問

1 行ってみたい場所

死ぬ前に宇宙に行ってみたい。

2 影響を受けた本

『想像の共同体』(ベネディクト・アンダーソン)。コミュニティや組織の本質的な要素が見えてきて、自分の組織の考え方にも影響しています。

3 尊敬する経営者・企業人

ビル・ゲイツさんです。

4 会ってみたい人(故人・架空の人物も含む)

会ってみたい人も、ビル・ゲイツさんです。

5 記憶に残る失敗

組織から信頼感がなくなったことによって、メンバーが結構抜けてしまったことがあったんですが…やっぱり、そのことですね。

6 今、一番やってみたいこと

なんだろう…。今、思い浮かばないぐらい充実しているんだと思います(笑)

④ 今、欲しいモノ

今もこれまでも特にありません。

⑤ 今、一番やってみたいこと

時間ができたらピアノをやってみたい。

⑥ 生まれ変わったら何になりたいか

ロックン・ローラー。

⑦ 好きな食べ物

果物。特にりんご。

⑧ 会ってみたい人（故人・架空の人物も含む）

両親。会えるなら話してみたかったことがあります。

⑨ リラックス／気分転換する方法

おいしい料理とおいしいお酒があれば。

⑩ 最近ハマっていること

安くておいしい“絶品グルメ店”の探索は続いています。

矢内 廣氏への10の質問

1 影響を受けた本

ピーター・ドラッカー『マネジメント』。映画関係の本としては、高井英幸氏（元東宝社長）の『映画館へは、麻布十番から都電に乗って。』がお薦めです。

（イラスト：宮沢洋）

2 尊敬する経営者・企業人

稲盛和夫さん。

3 いつも心掛けていること

睡眠。「ここからは、寝る時間」と自分で決めて、毎日8時間は寝ようと思っています。そうもいかないときもありますが…。

❻ 記憶に残る失敗

工場に行ったら何もなかったとき（笑）

❼ 今、一番やってみたいこと

釣りです。

（イラスト：宮沢洋）

❽ うれしかったプレゼント

お客さんがくれた寄せ書きですね。誕生日にサプライズでいただいたんです。

❾ いつも心掛けていること

本音！

❿ 最近ハマっていること

工場以外だと（笑）、瞑想です。YouTubeとか見ながらやっています。

山口絵理子氏への10の質問

1 行ってみたい場所

行ってみたい場所ですか……今は工場ですね（笑）

2 影響を受けた本

マザー・テレサの本です。

3 山口さんにとってパリとは？

目的地です。大学院生としてバングラデシュにいたとき、ヨーロッパのバイヤーが王様みたいに振る舞っていて、すごく嫌だったんです。ブランドをつくるって決めたとき、彼らに「これだけできるんだぞ」って言いたかったんですよね。夢だったパリにショールームをつくれましたし（2020年9月－21年11月）、またいつかヨーロッパにお店を持ちたいと思っています。

以前のフランス・パリのショールーム
（写真：マザーハウス）

4 尊敬するデザイナー

川久保玲さん。

5 会ってみたい人（故人・架空の人物も含む）

川久保玲さん。

7 リラックス／気分転換する方法は？

カフェ・ラテを自分で淹れることです。

8 影響を受けた本

暉峻淑子さんの『豊かさとは何か』です。高校1年か2年のときの課題図書だったんですよ。僕は本を読むのとか大嫌いですぐに眠くなる人間だったんですが、課題図書だったので仕方なく読んだら、何かもう、揺さぶられたんですよね。

9 いつも心掛けていること

コミュニティデザインの分野でいうと、人の意見を否定しないということです。地域の人たちが話し始めたときに、「なるほど」って全部肯定で返して、その中に自分の意見をどう織り込むのかということをやっていくのですが、今はもう、だいぶできるようになっていると思います。ただ、親しい人や家族、事務所のスタッフたちとしゃべっているときに、たまに「でもね」って言ってしまって後から気付くときがあります。

（イラスト：宮沢洋）

10 最近ハマっていること

自宅の設計です。建築設計をするのって、めちゃめちゃ久しぶりなんですよ。

山崎 亮氏への10の質問

1 行ってみたい場所

ペルーです。ペルーのリャマをかたどった土偶がめっちゃ好きなんですよ。今は国外持ち出し禁止になっているので、ペルーに見に行きたいなと思っています。

2 好きな場所

自宅の書斎です。

3 ほしいモノ

リャマの土偶です（笑）

山崎氏が仕事場に飾っているリャマの土偶（左）。ペルーで5世紀か6世紀頃につくられたものだという。右は山崎氏自作のリャマ（写真：水野浩志）

4 好きな動物

リャマです（笑）

5 会ってみたい人（故人・架空の人物も含む）

松平春嶽という人に会ってみたいですね。坂本龍馬を応援した人で、福井藩の藩主です。彼は何を狙ってあんなことをやっていたのだろうという興味があります。

6 好きな食べ物

天理スタミナラーメン。関西の人しか知らないかもしれませんが。

⑦ 好きな動物

猫です。猫って、そこにいるだけで意味のある存在じゃないですか。つまり、いることが役割なわけです。これって最強だと思って。

（イラスト：宮沢洋）

⑧ 気分転換する方法

仕事をすること。

⑨ 生まれ変わったら何になりたいですか

転生するなら猫になりたいですね（笑）

⑩ 最近ハマっていること

割とハマりやすくて飽きにくいタイプなので、どんどん趣味が増えていくタイプなんですけど、最近だとロボットアームをつくるのが楽しいです。OriHimeユーザーの寝たきりの子で、将来の夢は料理人で「卵焼きをつくりたいんだ」と言っている子がいます。その子が操作して卵焼きをつくれるようなロボットアームをつくりたいなと思って。これは仕事じゃなく遊びでやっているんですけど、遊びでやっていることが仕事につながったりもするんですよね。

吉藤健太朗氏への10の質問

1 行ってみたい場所

アイスランドですね。めちゃめちゃ寒いところに行ってみたいと思っているんです。

2 影響を受けた本

ないです。

3 すごいと思う人

すごいと思った人はみんなすごいです。なので、一人に決めることはできません。

4 会ってみたい人（故人・架空の人物も含む）

あまりいないです。

5 好きな食べ物

寒ブリの刺し身が好きです。

6 日頃、心掛けていること

「まだ死なないようにする」ということですね。昔、心が弱かった頃に、本当に何かこう、ふらっとバルコニーとかに行くと飛び降りたくなるような衝動があったときがあって、そうなってしまうと本当につらいので…。何かこう、死にたいと思わないようにすることはとても大事かなと思っています。

❼ 好きな動物（人間以外・架空の動物も含む）

宇宙人。

❽ 好きな食べ物

特にありません。何でもいただきます。戦争中の飢餓体験がありますから。

❾ 好きな乗り物

船が好きです。

（イラスト：宮沢洋）

❿ リラックス／気分転換する方法

旅行です。目下のところは行かれませんが。

若宮正子氏への10の質問

1 最近ハマっていること

やっぱり、ExcelArt（P.214参照）です。いろいろな可能性が見えてきて。

2 会ってみたい人（故人・架空の人物も含む）

もう一度、台湾のIT大臣・オードリータンさんとお会いしたいです。

3 いつも心掛けていること

それが…ないんです。行き当たりばったりなものですから。

4 今、欲しいモノ

時間です。

5 生まれ変わったら何になりたいか

今の自分に、もう一度なりたい。

6 記憶に残る失敗

30年ぐらい前に衣類着火（料理中にガスの火が衣類に移った）で大火傷をした。

第2章「破壊的イノベーターに聞く10の質問」・初出日一覧

- 安藤忠雄氏 …… 2020.09.16
- 伊藤亜紗氏 …… 2021.03.12
- 大南信也氏 …… 2021.07.09
- 川淵三郎氏 …… 本書オリジナル
- 佐竹晃太氏 …… 2021.01.15
- 辻口博啓氏 …… 2020.07.27
- 福澤知浩氏 …… 2021.07.26
- 松岡正剛氏 …… 2020.11.09
- 松田崇弥氏・松田文登氏 …… 2021.12.09
- 米良はるか氏 …… 2020.08.12
- 矢内 廣氏 …… 本書オリジナル
- 山口絵理子氏 …… 2020.10.05
- 山崎 亮氏 …… 2022.03.22
- 吉藤健太朗氏 …… 2021.05.13
- 若宮正子氏 …… 本書オリジナル

初出メディア：本書オリジナルの3氏以外は、日経BP 総合研究所が企画・運営する以下の2つのウェブメディアに同時掲載（一部加筆修正）

- 新・公民連携最前線 https://project.nikkeibp.co.jp/ppp/
- Beyond Health（ビヨンドヘルス）https://project.nikkeibp.co.jp/behealth/

第3章

破壊的イノベーターに学ぶ
視界の広げ方
5カ条

破壊的イノベーターは、どう考え、どう動くのか。その思考回路、行動原理を分析し、「5カ条」にまとめたのが本章です。本書に登場する破壊的イノベーターのエピソードを交えながら、それぞれ考察していきます。

本書に登場する15組・16人の破壊的イノベーターへのすべてのインタビューを担当した髙橋博樹（日経BP総合研究所 主席研究員）と、記事構成を担当した黒田隆明（日経BP 総合研究所 コンサルティングユニット プロデューサー）による対談形式でお届けします。

この5カ条をヒントに、現状打破のきっかけや新しい着想をつかむために考え、行動してみる——。そんなふうに活用していただけたらうれしく思います。

髙橋博樹

日経BP 総合研究所 主席研究員

1991年早稲田大学第一文学部卒、日経BP入社。インターネット草創期のビジネスモデル開発やICT、建設、人事など、幅広い分野を担当。総合研究所戦略企画部長を経て現職。「企業・地域の課題は社会課題と重ねて解決すること」が理念。その実現のために既存メディアの枠を超えたプラットフォームを生み出し、様々な手段を講じてムーブメントを醸成することを得意とする。

黒田隆明

日経BP 総合研究所 コンサルティングユニット プロデューサー、「新・公民連携最前線」編集長

メーカー勤務を経て日経BP入社。『日経エンタテインメント！』副編集長、『日経BPガバメントテクノロジー』編集長などを経て、2015年2月、ウェブメディア「新・公民連携最前線」立ち上げに編集長として参画、現職。

髙橋　本書に登場した破壊的イノベーターは、活躍しているジャンルも考え方もバラバラですが、その思考回路、行動原理にはいくつかの共通点が見られます。それを次の5カ条に整理してみました。

第1条・世界を知る
第2条・直接つながる
第3条・視点をずらす
第4条・なければ自分でつくる
第5条・「なんのため」を明確に

この五つについてそれぞれ考察していこうというのが、この第3章です。

黒田　それぞれの人が語る組織論、リーダー論も興味深いものでしたが、今回は新たな価値を着想し、形にしていく過程における個人の営みに焦点を絞りました。

髙橋　イノベーションの概念を提唱した経済学者、ヨーゼフ・シュンペーター（1883-1950年）は、「新結合」、つまり、これまでにない新しい組み合わせこそが、社会に新たな価値をもたらすイノベーションの源泉だと説明しています。その意味では、第1条、第2条、第3条のような思考や行動を実践していくことが、イノベーションにつながる異質な出会いを促していきます。

黒田　第4条と第5条は、新たな価値を社会に認められる形で創出するための思考回路であり行動原理です。破壊的な着想を世に出し、広めていくための重要なポイントだといえるでしょう。

第1条

世界を知る

髙橋 「世界を知る」という姿勢は、今回登場した何人かの破壊的イノベーターの共通点です。日本を飛び出して「異質な出会い」を体験し、それが新しい価値の創出に結び付いていきました。

黒田 川淵三郎さん[※1]は、サッカー選手時代に日本代表としてドイツに赴いたとき、地域に根差した総合スポーツクラブの存在を知り感銘を受けました。この経験がJリーグ誕生につながった。日本中から視察が訪れる神山町（徳島県）のまちづくりをけん引する大南信也さん[※2]は、米国スタンフォード大学に留学していたとき、起業家精神にあふれたシリコンバレー文化に直接触れ、それが独自のまちづくりに生かされています。

髙橋 建築家の安藤忠雄さん[※3]は、若い頃、お金もなく、外国語ができるわけでもないままに世界中を旅して回りました。この原体験が、世界的に評価の高い創造的な建築を次々と生み出す源泉になっています。

黒田 海外での「異質な出会い」がもっと直接的に事業に結び付いた人たちもいます。クラウドファンディングサービスを日本で最初に立ち上げた米良はるかさん[※4]、治療用アプリを事業化した佐竹晃太さん[※5]です。二人とも米国で始まった新しいビジネスの価値に気付き、日本で展開していきました。

髙橋 佐竹さんの場合、米国でデジタルセラピューティクス（ＤＴｘ）に出会う以前、中国での留学体験で大きく価値観が変わったというエピソードも印象的でした。佐竹さんは留学先の上海で「（日本と違って）皆が１００％明るい未来を信じていたこと」に衝撃を受けた[※6]といいます。海外での「異質な出会い」が価値観そのものを大きく変え、そのことが新しい価値の創出につながっていったわけです。

※1 P.51～　※2 P.35～　※3 P.11～　※4 P.131～　※5 P.67～　※6 P.228～

黒田 とはいえ、「何か新事業のネタを探そう」という動機で海外に出たわけではないんですよね。

世界を知り、偶然を引き寄せる

髙橋 確かにそうですね。まずは動く。そして動いたことで何かを引き寄せたとも言えるでしょう。ただ、これからは、もっと強く「世界を知る」ことを意識するべきかもしれません。現代の社会課題は、SDGs（持続可能な開発目標）の17のゴールを持ち出すまでもなく、貧困問題、エネルギー問題、気候変動など、多くの社会課題は人類全体の課題として認識されています。そうした状況を踏まえ、安藤さんが「次の世代には間違いなく『地球人』の感性がいるでしょう」と語っていたのはとても印象的でした。

黒田 途上国で生産した付加価値の高い商品をファッションブランドとして展開する山口絵理子さん※7は、そんな「地球人」の感性を持つ人物の一人と言えそうです。山口さんは、学生時代から「途上国の労働環境を改善したい」という問題意識を持ち、マザーハウスという会社を興しました。

髙橋 世界を意識したときに役立ちそうなのが、松岡正剛さん※8の提唱する「編集」という概念です。

ワインセラー、飲み方、ソムリエという存在、ラベル、ポスターなど、あらゆるものを洗練させていくワイン文化を、日本独自の「おむすび」に取り入れたらどんな価値が生まれるのか。松岡さんは、たとえ話としてそんな「異質の出会い」の可能性を語ってくれました。世界を知っているからこそ、発想の幅が広がっていくわけです。

黒田 世界を意識しつつ、自ら動いて偶然を引き寄せる――。新たな価値の創造につながる「異質な出会い」を加速していくためには、そんな姿勢が必要だと言えそうです。

※7 P.157～　※8 P.103～

第2条

直接つながる

黒田　破壊的イノベーターは、人と会うことに躊躇がないですよね。

髙橋　子どものための図書館「こども本の森 中之島」を設計・建設して大阪市に寄付した安藤忠雄さん[※1]は、運営費用をねん出するために自ら大企業を回って寄付金を集めました。

黒田　アポなしで安藤さん一人でフラッと訪ねていくと言ってましたね（笑）。サラリと85社ぐらい回ったと語っていましたが、簡単にできることではありません。

髙橋　「他人を自分の仕事に巻き込んでいくにはこれぐらいの覚悟、気合がいるんです」という安藤さんの言葉には重みがあります。

黒田　知的障害のある作家が描くアートをビジネスの文脈に乗せたヘラルボニーの松田崇弥さん、文登さん兄弟[※2]の場合、まだ起業前に最初に商品化したのがネクタイでした。東京・銀座で100年以上続くネクタイメーカー、田屋さんがつくってくれることになりましたが、複雑な図柄を織物として再現・製造してくれるメーカーを探すのにとても苦労したそうです。

途上国で高付加価値商品を製造・販売するファッションブランド、マザーハウスを起業した山口絵理子さん[※3]は、バングラデシュでジュート（黄麻）という素材に出合い、協力工場を探しに一人で現地を巡りました。やっと見つけて契約した工場に行ったらもぬけの殻だった、という厳しい経験もしています。

髙橋　イノベーティブな発想や思いを形にするには、理解者やパートナーとなる相手と「直接つながる」

※1 P.11～　※2 P.115～　※3 P.242～

というプロセスが必要な場面が出てきます。まだ存在しない新しい価値を伝え、思いに共感してくれる相手に出会うのは簡単ではありません。それでも出会うまで諦めない――。そんな粘り強い行動力が、新たな価値を創出する源泉となるのではないでしょうか。

コロナ禍を機に「新しいつながり方」も

黒田　事業化の場面ではなく、アイデア生成の段階で「直接つながる」ことを重視しているのが、障害者とのコミュニケーションについての研究で新しい視点を提示する東京工業大学教授の伊藤亜紗さん※4です。伊藤さんは「新しい発想は雑談から生まれる」と言います。なぜ雑談なのか。「最初の計画通りに進むということも大事だが、そこから新しいことは生まれない」と伊藤さんは説明しています。

髙橋　ただ、ここ2年ほどはコロナ禍で対面で「直接」のつながりを持つのが難しい時代になってきました。コロナ禍後も、パンデミックなどで「つながり」が疎外された場合のことを考えておく必要がありそうです。

黒田　コミュニティデザイナーの山崎亮さん※5は、コロナ禍で対面でのワークショップの実施が難しくなり、オンラインにシフトしましたが、それだけでなく「対面-非同期」の手法を編み出しました。ある会場を一週間ほど開けておき、そこで映像や資料などを自由に見られるようにしておく。ワークショップ参加者はいつでも会場を訪れることができ、来たら意見を付箋に書いてペタペタ貼っていく。前の人が書いた付箋に意見を足していくこともできる――。そんなコミュニケーションのスタイルです。

髙橋　今後、メタバース（仮想空間）が進化すれば、オンラインで「直接つながる」ことについて質的な大転換が起こるかもしれません。これからは、つながる手法についても強く意識する必要がありそうです。

※4 P.23～　※5 P.173～

第3条

視点をずらす

髙橋　既存の価値観から視点をずらさなければ破壊的なイノベーションは生まれません。第3条では、本書で登場した人たちがどのように視点をずらしていったのかについて見ていきたいと思います。

黒田　東工大教授の伊藤亜紗さん※1は、「障害者」「健常者」についてのステレオタイプな見方から離れることで対等な関係が築けると言います。例えば視覚障害者に対して「この人は視覚障害者だ」と思って接するとき、その障害者は「配慮される対象」として存在することになります。

ところが人間は誰しも、いくつもの面を持っています。「自分の子どもの教育についてすごく悩んでいたときに、その視覚障害の方にも子どもがいたりすると、子育てのことを相談できたりもしますよね」と伊藤さんは分かりやすい例を示してくれました。

伊藤さんはさらに「健常者といっても、自分一人でできていることなんて何もない」とも語ります。「料理をつくるといっても、素材まで全部自分でつくるわけではないですよね」というわけです。

髙橋　ある一面だけにとらわれてしまうと、ほかの面が見えなくなってしまう。「当たり前」を崩すと別の面が見えてくる――。そういった意味で、病気などで外に出ることができなくても、ロボットを遠隔操作することで離れた場所にいる人とコミュニケーションが取れる分身ロボット「ＯｒｉＨｉｍｅ（オリヒメ）」は、柔軟な視点から生まれた破壊的イノベーションの典型例と言えるでしょう。

「ＯｒｉＨｉｍｅ」を開発したオリィ研究所代表取締役ＣＥＯの吉藤健太朗さん※2は、当初、ＡＩ（人

※1 P.23～　※2 P.191～

工知能）と人とのコミュニケーションの研究をしていました。ところが、どうやら「AIとは友達になれない」と思うに至ったんですね。そして吉藤さんは、「マシンとヒトが交流する」という、鉄腕アトム的な人型ロボットのステレオタイプから脱して、人と人とがコミュニケーションを取るためのツールである「分身ロボット」を発想したわけです。

視点を引くことで視界を広げる

黒田　別の面を見る、つまり角度を変えて視点をずらすだけでなく、引いてずらすというやり方もあります。そうすることで視界を広く取ることができ、見える景色も違ってきます。

ヘラルボニーの松田崇弥さん、文登さん※3は、障害のある作家のアート作品のデータベース化によって、企業とアートが出合う間口を大きく広げました。ギャラリーで個展を開くという方法は、障害のある作家にはとてもハードルが高かった。そこで、高解像度の画像として作品をデータベース化することで「出合いの場」を広げていったわけです。その結果、駅舎や電車の車両、工事現場の仮囲い、お酒のパッケージ、車椅子、ユニホーム、ホテルのインテリアなど、様々な場所で障害のあるアーティストの作品が使われるようになっていきました。

髙橋　辻口博啓さん※4は、パティシエから、店舗経営、不動産開発、学校教育と仕事の枠を大きく広げていきました。お菓子をつくって売っていくうえでは、厨房、駐車場、売り場やカフェなど不動産が必要です。人材を育成して業界が底上げされることで、よりおいしいお菓子がつくれる環境が整います。辻口さんは「お菓子をつくる」ことの本質を捉え、視界を広げていったといえるでしょう。

※3 P.115～　※4 P.81～

第4条

なければ自分でつくる

髙橋　世界最高齢のプログラマーとして知られる若宮正子さん[※1]は、まさに「なければ自分でつくる」という行動原理で動いた人ですよね。高齢者向けの楽しいスマホアプリがない。「だったら自分でつくろう」ということで、ひな人形をひな壇に正しく並べるゲームアプリ「ｈｉｎａｄａｎ（ひなだん）」をつくった。これがアップルのティム・クックＣＥＯに〝発見〟されて、若宮さんは一躍、有名人になりました。

黒田　スマホやパソコンのシニアサークルで活動をしていたとはいえ、若宮さんはそれまでプログラミングの経験はゼロでした。その点も若宮さんのすごいところです。

髙橋　若宮さんの場合、「高齢者向けアプリ」の新市場が立ち上がったというわけではありません。むしろ「高齢になっても新しいことを始められる／始めていいんだ」という生き方そのものが、一番の「新たな価値」と言えるでしょう。

新しいことにチャレンジした高齢者の方はたくさんいたはずです。そんな中で、若宮さんは「高齢になってからプログラミングを学び、自分が欲しいアプリを自分でつくった」というこれまでにない高齢者像を提示し、人生１００年時代の生き方のロールモデルとなりました。

黒田　まさに「なければ自分でつくる」を実践したのが吉藤健太朗さん[※2]です。第３条でも紹介した分身ロボット「ＯｒｉＨｉｍｅ」は、吉藤さんが追求する「孤独の解消」を実現できる福祉機器が存在しなかったため、それならということで自分でつくってしまいました。

※1 P.207～　※2 P.191～

即座に自分で動く気構えが大切

髙橋　ここで留意すべきは、新たな価値を創出できるのは、若宮さんや吉藤さんのような「やりたいことが明確だった人」だけではないということです。

映画、コンサート、演劇などのスケジュール情報を網羅した、これまでにない雑誌「ぴあ」を創刊した矢内廣さん※3は、「サラリーマンにならず、自分たちでビジネスをつくり上げて食べていけるようにしたい」と考え、大学生の時に起業しました。ＳｋｙＤｒｉｖｅを創業して空飛ぶクルマを開発している福澤知浩さん※4は、仲間と「自分たちの手で何かものづくりをやりたいね」とアイデアを持ち寄り、その中から空飛ぶクルマを選択しています。

日本で最初にクラウドファンディングサービスを立ち上げた米良はるかさん※5も、もともとは漠然と「デジタルの世界で何らかの社会の仕組みをつくるということに興味を持っていた」と語っています。

黒田　ただし、たまたま思い付いたわけではありません。矢内さんは『「経済性があれば何でもいい」とは思っていなかった』「当時大学生だった自分たちに何が必要かを考えた」と振り返っています。福澤さんは自動車会社出身ですし、米良さんはＡＩで人と人とを直接マッチングさせる研究に加わっていました。そんなバックグラウンドがあったからこそ、潜在的な「やりたいこと」と出合ったのだと思います。

髙橋　ほしいものがない。やりたいことをやる手段が存在していない――。そんな状況が目の前に立ち現れたとき、即座に「それなら自分でつくる」と考え、行動に移せる準備ができている。破壊的イノベーターは、そんな気構えのある人たちなのだと思います。

※3 P.145～　※4 P.93～　※5 P.131～

第5条

「なんのため」を明確に

黒田　「なんのため」を突き詰めていった結果、コミュニティデザイン専門の事務所studio-Lを立ち上げたのが、山崎亮さん※1です。山崎さんは、もともとは設計事務所に勤めていました。公園の設計に携わることが多かったのですが、「自治体の公園緑地課の課長の言う通りに設計するのは、何か違うんじゃないか」という違和感をいつも抱いていたんですね。公園を使う人＝住民の声を聞くべきだ、と。そこで、積極的にワークショップを行うようになった。そうしているうちに、公園や公共施設だけでなく教育、医療、福祉など様々な分野でワークショップは行われているのに、それを専門にしているところがないことに気が付きました。そこで、独立して「コミュニティデザイナー」という新しい職種を確立したのです。

髙橋　「なんのため」に立ち戻ることは、山崎さんのように新事業創造の原点となります。

それだけでなく、逆境でのエネルギー源にもなっていきます。何か新しいことを始めようとすれば、いつも順風満帆とはいきません。そんなときには「本来、もともと何をやりたかったんだっけ？」というところに立ち戻ることが大事になってくる――。雑誌「ぴあ」やオンラインチケット販売のプラットフォーム「チケットぴあ」を生み出して日本のエンターテインメントの楽しみ方を変えた矢内廣さん※2は、そう語っています。「なんのため」に立ち戻っていけば、逆境でも「ここは諦めずにやろう」と思えるはずだ、と。

黒田　「なんのため」を徹底的に突き詰めたのが、辻口博啓さん※3です。「クリエーティブな部分にかける時間の差が、お菓子のクオリティの差となって現れる」と辻口さんは考えました。そこで、厨房の空間

※1 P.173～　※2 P.145～　※3 P.81～

レイアウト、厨房でのチーム内の連携などを検討、ひたすら無駄を省いていきました。このように「おいしいお菓子をつくるため」を徹底的に検討していくという思考回路が、第3条でも紹介しましたが、不動産開発や学校教育といった、従来の〝菓子職人〟の枠を超えた活動につながったのです。

「なんのため」から広がる視界

髙橋　「なんのため」を考え抜くことが、発想や事業の広がりにもつながっていくわけですね。
徳島県神山町でまちづくりを進める大南信也さん※4も、そうやって新しいことにどんどん取り組んでいます。大南さんは、神山町でアーティスト・イン・レジデンスやサテライトオフィス誘致を手掛け、まもなく新しい学校「神山まるごと高専（仮称）」が開校しようとしています。一見、それぞれの取り組みの関連性は見えにくいかもしれませんが、すべては「シリコンバレーのような起業家精神にあふれるまちをつくりたい」という思いでつながっています。

黒田　Jリーグ初代チェアマンの川淵三郎さん※5は、日本サッカー協会で、子どもたちにスポーツの素晴らしさを教え、夢を持つことの大切さを教える「JFAこころのプロジェクト」を立ち上げました。
なぜサッカーと直接関係ないことを、という異論もあったようですが、川淵さんは「人々の心身の健全な発達への寄与」というJリーグと日本サッカー協会に共通する理念に照らし合わせれば、「当然やるべきことだ」と断言しています。

髙橋　「なんのため」を狭く捉え過ぎると窮屈になってしまいます。そうではなく、広い視界から検討すれば、やるべきこと、やりたいことはどんどん広がっていく。そういうことだと思います。

※4 P.35～　※5 P.51～

破壊的イノベーター、その視界

2022年7月19日　第1版第1刷発行

編著者　日経BP 総合研究所
発行者　河井保博
発行　株式会社日経BP
発売　株式会社日経BPマーケティング
〒105-8308　東京都港区虎ノ門4-3-12
装丁　小口翔平＋後藤司（tobufune）
制作　松川直也（日経BPコンサルティング）
印刷・製本　大日本印刷株式会社

ISBN978-4-296-11272-2

本書籍に関するお問い合わせ、ご連絡は下記にて承ります。
https://nkbp.jp/booksQA